"十三五"国家重点出版物出版规划项目

量子科学出版工程（第三辑）

Quantum Finance

Principle, Mechanism and

Algorithm of

Uncertain Market

辛厚文　辛立志　著

量子金融

不确定性市场

原理、机制和算法

中国科学技术大学出版社

内 容 简 介

本书利用量子理论的思想与方法,系统地研究了金融市场不确定性的本质和作用,开辟了金融市场的一个新的研究方向,可简称为"不确定性市场"原理,这项成果属于自然科学与社会科学的交叉学科领域,不但是发展金融理论的一个新的生长点,而且在提高金融系统演化规律的预测能力方面有着广阔的应用前景.

图书在版编目(CIP)数据

量子金融:不确定性市场原理、机制和算法/辛厚文,辛立志著. —合肥:中国科学技术大学出版社,2021.9

(量子科学出版工程. 第三辑)
国家出版基金项目
"十三五"国家重点出版物出版规划项目
ISBN 978-7-312-05303-0

Ⅰ. 量… Ⅱ. ①辛… ②辛… Ⅲ. 经济数学—应用—金融市场—研究 Ⅳ. F830.9

中国版本图书馆 CIP 数据核字(2021)第 175310 号

量子金融:不确定性市场原理、机制和算法
LIANGZI JINRONG: BU QUEDINGXING SHICHANG YUANLI, JIZHI HE SUANFA

出版	中国科学技术大学出版社 安徽省合肥市金寨路96号,230026 http://press.ustc.edu.cn https://zgkxjsdxcbs.tmall.com
印刷	合肥华苑印刷包装有限公司
发行	中国科学技术大学出版社
经销	全国新华书店
开本	787 mm×1092 mm 1/16
印张	10.5
字数	217千
版次	2021年9月第1版
印次	2021年9月第1次印刷
定价	39.00元

前言

客观世界是确定性的还是不确定性的问题一直是科学发展中的一个基本问题. 随着科学技术的深入发展,目前人们已经认识到:不确定性是客观世界的基本属性. 无论是在自然科学领域中还是在社会科学领域中,对不确定性本质和作用的研究,正在不断扩大和深入发展之中. 对于不确定性理论和应用的研究,属于自然科学和社会科学的交叉领域,是科学发展的新的生长点,有着广泛的应用前景.

众所周知,物理学的思想和方法在金融理论的创建和发展中都发挥了重要作用,经典物理学与金融学相结合产生了"金融物理学",量子物理学与金融学相结合形成了"量子金融". 在本书中,我们利用量子理论的思想和方法,系统地研究了不确定性金融市场的原理、机制和算法,属于量子金融中一个新的研究方向.

金融市场是由市场参与者、资本、证券和外部环境所组成的开放的复杂系统. 金融市场的基本功能是通过资本有效的再分配,调控社会经济的生产和消费,从而推动社会经济的发展和进化. 利用物理学的思想和方法研究金融市场的运行规律时,需要解决的主要科学问题如下:

(1) 市场参与者是具有学习、预测和决策能力的智能个体,不是物理系统中无生命的客体.

(2) 市场参与者之间的关系是竞争与合作的复杂的博弈关系,不是物理系统中利用相互作用力描述的因果关系.

(3) 市场与外部环境之间的关系是适应性关系,即金融市场为了适应动态变化的环境,不断地调整自身的状态和结构,使市场不断发展进化.在物理系统中,通常利用边界条件和控制参量等方法来描述外部环境对系统的作用.

(4) 市场演化方向是以资本的有效再分配或收益最大化作为判别准则.在物理系统中是以自由能和熵等状态函数作为判别准则.

因此,利用物理学的思想和方法研究金融市场时,不能把复杂的金融问题简单地归结为物理问题,而是以金融问题为对象,有选择性地运用和发展物理学的思想和方法,构建出有效的金融市场理论.

自从 1987 年金融危机以来,被广泛使用的标准金融理论已无法解释所出现的一些"异常"金融现象.为了解释这些市场"异象",发展出了若干具有新思想的金融市场理论,例如行为金融理论、适应性市场假说、复杂性金融理论等.这些新的金融市场理论,都是从对金融市场的基本属性的不同理解出发而构建起来的,也就是说,是对上述主要科学问题提出的不同的解决方法.我们从"不确定性是金融市场的基本属性"出发,在本书中提出了"不确定性金融市场假说",或者,广义而言为"不确定性市场假说".

不确定性是金融市场的基本属性,主要表现在以下几个方面:

1. 市场参与者思维活动的不确定性

人类的思维有精确的一面,更有不确定性的一面.人脑和计算机相比,并不具备海量的数据存储能力、快速可靠的计算能力、严密的逻辑推理能力.但是,这并不妨碍人类的学习和创造能力,比计算机具有更发达的高级智能.人类可以在不确定的客观环境下,通过直觉的感知,进行联想、幻想和抽象思维活动,创造性地认识客观世界.可以说,在人类的思维活动中,不确定性的思维占据了绝大部分.从哲学的角度来看,客观世界中的不确定性称为存在论的不确定性,人类思维活动中的不确定性称为认识论的不确定性.

2. 市场参与者决策过程的不确定性

市场参与者用其拥有的资本以证券为媒介进行买卖交易.市场参与者的交易过程是一个预测—决策过程,市场参与者掌握的信息不同,或者对相同信息的理解不同,都可能改变市场参与者的预测和决策.市场参与者的决策过程是在多种可能的"路径"中进行选择的过程.这是一种不确定性过程,它是不可能通过任何系统方法消除的,是一种内在的、固有的不确定性.

3. 证券价值的不确定性

每个市场参与者单独的买与卖的交易操作,并不能设定证券的市场价格,而是所有市场参与者之间复杂的竞争与合作的博弈过程,最终设定了证券的市场价格.在金融市场中,市场参与者之间是以传递和交换信息的方式相互关联在一起的,也就是说,市场参与者之间相互作用的本质是信息.广义而言,不确定性有很多种类型,如随机性、模糊性和信息不完全性等.显然,当市场参与者什么信息都不掌握时,可以做出多种判断;随着信息的增多,可以做出判断的数量减少;当完全掌握全部信息时,可以做出唯一的判断.因此,证券可能的市场价格与信息的不完全性密切相关,即证券的价值具有多种可能的市场价格,证券价值的不确定性的本质是信息不完全性.

4. 金融市场宏观状态和结构的不确定性

金融市场是一个开放的系统,除了从环境获取资本和新技术物质因素外,还不断与环境交换信息.市场与环境相互作用,以维持其复杂的有序结构.金融市场的演化过程是从内外因素的不完全的信息出发,经市场参与者的决策、证券价格的设定到宏观状态和结构的信息传播过程.在这种演化过程中,可不断地涌现出新的状态和结构,不断发展金融市场的功能.

综上所述,金融市场的不确定性具有如下特征:

(1) 金融市场演化的多个阶段都有多种可能的状态,即多种决策、多种价格和多种宏观状态与结构.

(2) 从多种可能的状态向确定性结果状态的转变过程是突变过程,其中包括多种操作过程,比如市场参与者的买或卖的操作、市场中多个交易员的定价操作等;各种偶然性的激活作用,比如涨落的作用、偶然事件的作用等;临界点处的相变过程等.

(3) 金融市场的不确定性来源于内外信息的不完全性,正是由于驱动市场运行的信息的不完全性,才产生市场运行多阶段的多种可能的状态.

(4) 不确定性金融市场的结构,既不是完全有序的,也不是完全无序的,而是复杂的结构,具有更强的活力和更多的功能.

我们利用量子理论和信息理论、博弈论和演化算法等相结合的方法,深入地研究了不确定性金融市场的定量表示方法、运行机制和算法,主要内容如下:

1. 金融市场不确定性的三种定量表示方法

首先,我们引入选择算符、期望算符和信息能算符,分别描述金融市场中的决策过程、证券定价过程和状态演化过程,从而用这些算符的本征值和本征态描述相应过程的多种可能的状态和可能的取值,进而用量子测量理论定量描述由多种可能状态向测量结果塌缩的突变过程.其次,我们利用香农的信息熵来描述上述多种过程不确定性的程度.最后,我们用量子理论中的不确定性原理构造不确定性金融市场中相应的不确定性原理.

2. 金融市场微观机制的三个量子模型

首先,把量子理论与博弈论相结合,构建了金融市场中市场参与者之间相互博弈过程的量子博弈模型.其次,把金融市场运行中证券、交易策略和信息三个关键元素的相互关系抽象为一个金融市场原子模型,在这个模型中,证券类比于原子核,交易策略类比于绕原子核运动的电子,信息类比于原子的能量.最后,金融市场描述为由 N 个市场原子构成的二维网络结构,市场原子的自旋定义为"买"和"卖"的两个交易操作,从而构建了金融市场的伊辛模型.

3. 金融市场的演化算法

金融市场的演化过程是基于一系列的操作次序分步进行的,操作前后的状态之间的关系是不确定性关系,而不是因果确定性关系,对于这种离散的不确定性过程,很难用确定性动力学方程来描述,应该用"计算程序"来描述.我们把演化算法应用到金融市场中,开发了"量子交易员智能期货交易系统",并在实盘应用中得到了很好的结果.

尽管我们在本书中首次提出了"不确定性金融市场假说",并且利用量子理论的思想和方法,系统地研究了不确定性金融市场的原理、运作机制和演化算法,但是,对于量子金融这一个新的研究方向而言,还仅仅是一个开始,并不够深入和完美,尤其在实际应用方面还没有展开.这是一个新交叉学科领域,笔者的水平有限,在本书中可能有很多不足,甚至错误,请批评指正.

在本书写作过程中,引用了一些前人的思想和方法,在此一并表示感谢.本书的出版,得到了中国科学技术大学出版社的大力支持,在此深表谢意.

辛厚文　辛立志

2020年7月8日

于合肥

目录

前言 —— i

第 1 章
金融理论概论 —— 001

1.1 布朗运动的数学基础 —— 003
  1.1.1 随机过程 —— 003
  1.1.2 随机微分方程 —— 005
1.2 标准金融理论 —— 006
  1.2.1 随机漫步市场理论 —— 007
  1.2.2 布莱克-斯科尔斯期权定价 —— 009
  1.2.3 均值-方差理论 —— 011
1.3 有效市场假说 —— 013
1.4 范式转变 —— 014

第 2 章
量子理论的基本原理 —— 019

2.1　量子态 —— 020
2.2　量子算符 —— 021
2.3　量子信息 —— 023
2.4　量子统计 —— 026
2.5　量子测量 —— 029
2.6　海森伯不确定性关系式 —— 032

第 3 章
金融市场的不确定性原理 —— 035

3.1　随机事件 —— 035
3.2　不确定性原理的定量表示 —— 038
3.3　市场参与者决策过程的不确定性原理 —— 044
3.4　证券价值的不确定性原理 —— 048
3.5　不确定性市场假说 —— 053

第 4 章
金融市场微观机制的量子模型 —— 057

4.1　量子博弈模型 —— 058
4.2　市场原子模型 —— 061

第 5 章
金融市场演化动力学 —— 070

5.1　金融市场演化动力学方程 —— 071
　　5.1.1　概述 —— 071
　　5.1.2　信息能量算符 $\hat{X}$ 及市场原子演化方程 —— 072
5.2　金融市场演化的伊辛模型 —— 077
5.3　金融市场演化过程的不确定性 —— 080

第 6 章
演化算法的原理和方法 —— 084

- 6.1 遗传算法 —— 085
  - 6.1.1 编码表示 —— 086
  - 6.1.2 适应性度量方法 —— 091
  - 6.1.3 遗传算子的设计及作用 —— 093
  - 6.1.4 控制参数 —— 095
  - 6.1.5 遗传算法的主要特点 —— 096
- 6.2 遗传规划算法 —— 097
  - 6.2.1 编码方法 —— 098
  - 6.2.2 确定初始结构的方法 —— 100
  - 6.2.3 适应性的度量方法 —— 101
  - 6.2.4 选择算子 —— 102
  - 6.2.5 交叉算子 —— 103
  - 6.2.6 变异算子 —— 104
  - 6.2.7 遗传规划算法的特点 —— 105
- 6.3 基因表达式编程算法 —— 106
  - 6.3.1 编码方法 —— 106
  - 6.3.2 适应性的度量方法 —— 111
  - 6.3.3 演化算子的设计与应用 —— 111
  - 6.3.4 基因表达式编程算法的特点 —— 115
- 6.4 量子遗传算法 —— 115
  - 6.4.1 量子比特编码方法 —— 116
  - 6.4.2 量子遗传算法中的进化机制 —— 118
  - 6.4.3 量子遗传算法的运行过程 —— 120
  - 6.4.4 量子遗传算法的主要优势 —— 121

第 7 章
"量子交易员"期货智能交易系统 —— 122

- 7.1 "量子交易员"的功能 —— 125
- 7.2 "量子交易员"的分析及设计 —— 126
- 7.3 "量子交易员"的实现 —— 140

7.4 交易结果 —— 147

结语 —— 150

参考文献 —— 153

第 1 章

金融理论概论

亚当·斯密深受牛顿物理学思想的影响,牛顿学说的核心是万有引力——一种看不见的主宰宇宙万物的力量.亚当·斯密在对市场的研究中发现,市场价格似乎也受到一种看不见的力量所控制,他虽然从来没有用过"市场力",但是在《国民财富的性质和原因的研究》(以下简称《国富论》)一书中首次也是唯一一次提到了"看不见的手"的概念,并用它来描述主宰市场的力量:

> 由于他管理产业的目的在于使其生产物的价值能达到最大程度,他所盘算的也只是他自己的利益.在这种场合,像在其他许多场合一样,他受着一只看不见的手的指导,去尽力达到一个并非他本意想要达到的目的.

理性经济人和均衡是标准金融理论两个最基本的假设,市场随机漫步是标准金融理论的核心.标准金融理论认为理性经济人在均衡市场中随机漫步,由亚当·斯密的"看不见的手"自动调控.

百度百科对理性经济人的定义为:

"理性经济人"作为经济学的一个基本假设,是指个人在一定约束条件下实现自己的效用最大化.亚当·斯密认为:人只要做"理性经济人"就可以了,"如此一来,他就好像被一只无形之手引领,在不自觉中对社会的改进尽力而为.在一般的情形下,一个人为求私利而无心对社会做出贡献,其对社会的贡献远比有意图做出的大".

百度百科对"均衡"的定义为:

在经济学中,"均衡"是一个被广泛运用的概念.均衡的最一般意义是指经济体系中一个特定的经济单位或经济变量在一系列经济力量的相互制约下所达到的一种相对静止并保持不变的状态.与物体的运动一样,经济体系中一个特定经济单位也同样受到来自不同方向的各种经济力量的制约.

百度百科对"随机漫步"的定义为:

"随机漫步"也称随机游走、随机行走等,是指基于过去的表现,无法预测将来的发展方向和步骤.核心概念是指任何无规则行走者所带的守恒量都各自对应着一个扩散运输定律,接近于布朗运动,是布朗运动理想的数学状态,现阶段主要应用于金融股票市场中.

正是理性经济人在市场中完全随机漫步才保证了市场在均衡点附近波动,市场从一个均衡价格随机地运动到另一个均衡价格,类似于做布朗运动的花粉.

百度百科对"布朗运动"的定义为:

"布朗运动"是指悬浮在液体或气体中的微粒所做的永不停息的无规则运动.其因由英国植物学家布朗所发现而得名.做布朗运动的微粒的直径一般为 $10^{-5} \sim 10^{-3}$ 厘米,这些小的微粒处于液体或气体中时,由于分子的热运动,微粒受到来自各个方向液体分子的碰撞,当受到不平衡的碰撞时产生运动,由于这种不平衡的碰撞,微粒的运动不断地改变方向,从而使微粒出现不规则的运动.每个小颗粒在液体或气体中受周围分子的碰撞频率约为每秒 102 次.布朗运动的剧烈程度随着流体的温度升高而增加.

布朗运动所揭示的物理意义是:液体中的微观粒子在做随机运动.1900 年,巴舍利耶受到花粉的布朗运动启发,在他的博士论文《投机理论》中首次提出了市场随机漫步理论.巴舍利耶认识到股票价格波动过程是"布朗运动",他认为股票的市场价格就像醉汉的脚步一样完全不能预测,换句话说,人们不可能通过研究股票的历史数据预测股票的未来价格.

1.1 布朗运动的数学基础

1.1.1 随机过程

定义 1.1 随机过程就是一组依赖于参数的随机变量 $\{X(t), t \in T\}$,t 为参数,T 为参数集.

t 一般代表时间,随机过程在时刻 t 的值 $X(t)$ 称为随机过程所处的状态,$X(t)$ 所有可能的取值的全体称为状态空间.$X(t)$ 随着观测的结果而变化,变化的规律称为概率分布 $P(x)$.随机变量的分布函数为

$$F_x(x,t) = P\{X(t) \leqslant x\}, \quad x \in \mathbf{R}, \mathbf{R} \text{ 为实数集}$$

随机变量的分布函数表示,在给定 t 时刻的随机变量 $X(t)$ 的值小于给定 x 的概率. $X(t)$ 的期望 $E[X(t)]$ 称为随机过程的均值函数 $\mu_x(t)$,方差为 $\sigma_x^2(t)$.其中均值公式为

$$\mu_x(t) = E[X(t)] \tag{1.1}$$

方差公式为

$$\sigma_x^2(t) = E\{[X(t) - \mu_x(t)]^2\} \tag{1.2}$$

定义 1.2 设 X 和 Y 是离散随机变量,则 X 的条件期望在给定事件 $Y = y$ 条件下为

$$E(X \mid Y = y) = \sum_x x P\{X = x \mid Y = y\} \tag{1.3}$$

马尔可夫过程是一类随机过程.一个随机过程如果给定了"现在"的值,"将来"的值不受过去的影响,"将来"与"过去"无关,就称为有马尔可夫性.具有马尔可夫性的随机过程叫作马尔可夫过程.

定义 1.3 设 $\{X(t), t \in T\}$ 为一随机过程,E 为其状态空间,若对任意的一组状态

$x_1, x_2, \cdots, x_n, x \in E$,任意的 $t_1 < t_2 < \cdots < t_n < t$,随机过程 $\{X(t), t \in T\}$ 满足等式

$$P\{X(t) \leqslant x \mid X(t_n) = x_n, \cdots, X(t_1) = x_1\} = P\{X(t) \leqslant x \mid X(t_n) = x_n\} \tag{1.4}$$

此性质称为马尔可夫性.

定义 1.4 随机过程 $\{X(t), t \in T\}$ 若满足马尔可夫性,则称为马尔可夫过程.

定义 1.5 若一个随机过程 $\{X(t), t \in T\}$ 满足:

(1) $X(t)$ 是独立增量过程;

(2) $X(0) = 0$;

(3) 对每个 $t > 0$,$X(t) \sim N(0, t)$,即 $X(t)$ 是期望为 0、方差为 t 的正态分布,

则称 $\{X(t), t \in T\}$ 是布朗运动或维纳过程.

首先,对于布朗运动,在给定现在状态的条件下,过去和将来独立,可知布朗运动是马尔可夫过程. 其次,因为 $X(t)$ 是期望为 0、方差为 t 的正态分布,所以它的密度函数为

$$f_t(x) = \frac{1}{\sqrt{2\pi t}} e^{-x^2/(2t)} \tag{1.5}$$

爱因斯坦证明了布朗运动 $\{W(t), t \geqslant 0\}$ 满足扩散方程

$$\frac{\partial p}{\partial t} = D \frac{\partial^2 p}{\partial x^2} \tag{1.6}$$

D 是扩散系数,扩散方程的解为

$$p(x, t) = \frac{1}{\sqrt{2\pi t}} e^{-x^2/(2t)} \tag{1.7}$$

定义 1.6 设 $\{M_n, n = 0, 1, \cdots\}$ 和 $\{X_n, n = 0, 1, \cdots\}$ 为两个随机过程,我们称 $\{M_n\}$ 关于 $\{X_n\}$ 为鞅,若对 $n = 0, 1, \cdots$,有

(1) $E|M_n| < \infty$;

(2) $E(M_{n+1} \mid X_0, X_1, \cdots, X_n) = M_n$.

通常由 $\{X_n\}$ 提供的全部信息记为 I_n,$I_n = \sigma(X_0, X_1, \cdots, X_n)$,则条件期望 $E(M_{n+1} \mid X_0, X_1, \cdots, X_n)$ 可记为 $E(M_{n+1} \mid I_n)$,所以鞅可表示为

$$E(M_{n+1} \mid I_n) = M_n \tag{1.8}$$

为了反映信息对鞅序列的影响,鞅序列 $\{M_n, n = 0, 1, \cdots\}$ 可表示为 $\{M_n, I_n, n \geqslant 0\}$.

定义 1.7 设 $W(t)$ 为 $[0, \infty)$ 上的布朗运动,$\{I_n = \sigma(W(s), 0 \leqslant s \leqslant t), t \in$

$[0,\infty)\}$,则布朗运动为鞅过程.

1.1.2 随机微分方程

设 $X(t)$ 表示 t 时刻质点的位置,$X'(t)$ 表示质点的速度,$X''(t)$ 表示质点的加速度,由牛顿第二定律有

$$F(t) = mX''(t) \tag{1.9}$$

其中 m 是质量,F 表示作用在质点上的力.考虑两种力:

(1) 摩擦力:$-fX'(t)$,力的大小正比于速度,方向与速度方向相反;

(2) 均衡力:$-kX(t)$,如谐振子受的力.

外力:$W'(t)$,可记 $\mathrm{d}W(t) = W'(t)\mathrm{d}t$,$W'(t)$ 称为"白噪声",也称为布朗运动的"导数".

代入牛顿方程,我们有 $X(t)$ 是随机过程且满足如下的随机微分方程:

$$mX''(t) + fX'(t) + kX(t) = W'(t) \tag{1.10}$$

一阶常系数线性随机微分方程可表示为

$$a_0 X'(t) + a_1 X(t) = W'(t) \tag{1.11}$$

其中 a_0 和 a_1 是常数,$W'(t)$ 是参数为 σ^2 的白噪声.

上述方程可改写成扩散方程

$$\mathrm{d}X(t) = \mu(X(t),t)\mathrm{d}t + \sigma(X(t),t)\mathrm{d}W(t) \tag{1.12}$$

其中 $X(t)$ 表示随机过程,μ 和 σ^2 是随机过程 $X(t)$ 在给定 $X(t) = x$ 时的瞬时速率均值和方差,$W(t)$ 是布朗运动.μ 为漂移系数,表示 t 时刻随机过程 $X(t)$ 在给定 $X(t) = x$ 时的瞬时速率,反映的是确定性因素引起的运动;σ^2 为扩散系数,表示随机过程 $X(t)$ 的不确定的波动.

定义 1.8 若随机过程 $S(t)$ 满足

$$\mathrm{d}S(t) = \mu S(t)\mathrm{d}t + \sigma S(t)\mathrm{d}W(t) \tag{1.13}$$

其中 $W(t)$ 是布朗运动,μ 和 $\sigma(\sigma>0)$ 是常数,则 $S(t)$ 称为几何布朗运动.

几何布朗运动的解为

$$S(t) = \exp\left[\sigma W(t) + \left(\mu - \frac{\sigma^2}{2}\right)t\right] \tag{1.14}$$

或等价于当 $t > 0$ 时

$$\ln S(t) \sim N\left(\mu - \frac{\sigma^2}{2}t, \sigma^2 t\right) \tag{1.15}$$

我们知道布朗运动的曲线是不规则的,也就是说,布朗运动不可导,通常布朗运动的增量与 $\sqrt{\Delta t}$ 成正比,可表示为

$$dW(t) = \sqrt{\Delta t} Z \tag{1.16}$$

其中 $Z \sim N(0,1)$,服从正态分布.

如果函数 f 是时间 t 和某标量 x 的函数,由古典微积分有

$$df = \frac{\partial f}{\partial x}dx + \frac{\partial f}{\partial t}dt \tag{1.17}$$

若 x 为布朗运动 $W(t)$,则有如下的伊藤微分公式.

定义 1.9 设 $f(t, X(t))$ 为随机过程 $\{X(t), t \in T\}$ 的二次微分函数,并对 t 一阶可导,若 $\{W(t), t \geq 0\}$ 是布朗运动,则

$$df(W(t), t) = \frac{\partial f}{\partial x}dW(t) + \left(\frac{\partial f}{\partial t} + \frac{1}{2}\frac{\partial^2 f}{\partial x^2}\right)dt \tag{1.18}$$

上述公式称为伊藤微分公式.

定义 1.10 设 $\{X(t), t \geq 0\}$ 为二阶矩过程,$\{W(t), t \geq 0\}$ 为布朗运动,对 $[a,b]$ 的一组分点 $a = t_0 < t_1 < \cdots < t_n = b$,令 $\Delta = \max_{i \leq k \leq n}(t_k - t_{k-1})$,记

$$I_n = \sum_{k=1}^{n} X(t_{k-1})[W(t_k) - W(t_{k-1})] \tag{1.19}$$

若 $\Delta \to 0, n \to \infty$,均方极限 $\lim_{n \to \infty} I_n$ 存在,则称该极限为 $X(t)$ 关于布朗运动 $\{W(t), t \geq 0\}$ 的伊藤积分,记为 $A\int_a^b X(t)dW(t)$.

1.2 标准金融理论

以有效市场假说为核心,以投资组合理论、资本资产定价模型、布莱克-斯科尔斯期

权定价方程为基石的标准金融理论大厦得以在 1975 年左右构建完成. 标准金融理论是在巴舍利耶的市场随机漫步模型的基础上建立起来的, 标准金融理论类似牛顿经典力学在一个多维的线性实数空间中利用价格及收益来描述市场运动. 一般动力学系统理论体系由三部分构成:

(1) 系统可观测量及其观测结果.

(2) 系统内部各组分之间的相互作用.

(3) 系统的状态及状态随时间变化的描述.

1. 系统可观测量

作为市场观察者, 通常通过观测证券的价格和收益率来研究市场, 这里定义 t 时刻证券价格为 $P(t)$, 通常有下面几种选择描述证券价格的波动:

(1) 线性价格变动

$$Z(t) \equiv P(t+\Delta t) - P(t) \tag{1.20}$$

(2) 贴现价格变动

$$Z_D(t) \equiv [P(t+\Delta t) - P(t)]\Delta D(t) \tag{1.21}$$

其中 $D(t)$ 是贴现因子.

(3) 收益率

$$R(t) \equiv \frac{P(t+\Delta t) - P(t)}{P(t)} \tag{1.22}$$

收益率给出价格的相对变化.

(4) 对数收益率

$$S(t) \equiv \ln P(t+\Delta t) - \ln P(t) \tag{1.23}$$

2. 系统内部各组分之间的相互作用

标准金融理论为了简化对市场的描述, 忽略了市场参与者之间的合作及竞争的博弈, 假设理性经济人是完全独立的个体.

3. 系统的状态及状态随时间变化的描述

标准金融理论主要研究市场的均衡状态, 并假设市场随时间在做随机漫步, 即做布朗运动.

1.2.1 随机漫步市场理论

巴舍利耶的博士论文《投机理论》的核心思想是: 虽然无法精确地预测证券价格的动

态变化,但在市场的均衡点,基于布朗运动的思想可以通过建立数学模型预测证券价格上涨或下跌的概率,即构建证券价格变化的随机漫步模型.

设 s 为证券价格,$p(s,t)$ 表示 t 时刻价格为 s 的概率分布函数,可由如下扩散方程描述:

$$\frac{\partial p(s,t)}{\partial t} = D \frac{\partial^2 p(s,t)}{\partial s^2} \tag{1.24}$$

其中 $D = \frac{\Delta s^2}{2\Delta t}$ 是"扩散系数",Δs 是价格"间隔长度",Δt 是时间"间隔长度".扩散方程的解 $p(s,t)$ 给出 t 时刻价格在范围 $s \to s+\mathrm{d}s$ 内的概率 $p(s,t)\mathrm{d}s$.由于证券价格变动遵从布朗运动,服从正态分布,所以扩散方程的解即为高斯函数:

$$p(s,t) = \frac{1}{\sqrt{4\pi Dt}} \exp\left[-\frac{(s-s_0)^2}{4Dt}\right] \tag{1.25}$$

记 $s=0$ 时的价格为 s_0,$p(s,t)$ 给出了 t 时刻价格为 s 的概率分布函数.

标准金融理论通常通过加入一个漂移项表示市场趋势,加上漂移项后扩散方程就成为福克-普朗克方程:

$$\frac{\partial p(s,t)}{\partial t} = -\mu \frac{\partial p(s,t)}{\partial s} + \frac{1}{2} D \frac{\partial^2 p(s,t)}{\partial s^2} \tag{1.26}$$

其中 μ 表示市场确定性趋势项,即预期收益率.

巴舍利耶假设证券价格随机波动,这其实是不正确的,因为价格不可能为负值.萨缪尔森纠正了巴舍利耶证券价格的缺陷,用价格的相对变化即价格变化百分比替代价格,价格变化服从几何布朗运动,由如下随机方程描述:

$$\mathrm{d}S(t) = \mu S(t)\mathrm{d}t + \sigma S(t)\mathrm{d}W(t) \tag{1.27}$$

其中 $S(t)$ 表示价格,μ 为对数收益率,σ 为价格的波动率,$W(t)$ 为高斯白噪声.

几何布朗运动的解为

$$\ln \frac{S_t}{S_0} \sim N\left(\mu - \frac{\sigma^2}{2}t, \sigma^2 t\right) \tag{1.28}$$

或等价于

$$S(t) = S(0)\exp\left[\sigma W(t) + \left(\mu - \frac{\sigma^2}{2}t\right)\right] \tag{1.29}$$

1.2.2 布莱克-斯科尔斯期权定价

百度百科对期权的描述为:

"期权交易"是指在未来一定时期可以买卖的权利,是买方向卖方支付一定数量的权利金后拥有的在未来一段时间内或未来某一特定时期,以事先商定的价格向卖方购买或出售一定数量标的物的权利,但不负有必须买进或卖出的义务.

期权按照行权方式分为欧式期权和美式期权.

(1) 对于欧式期权,买方可在行权日开市后、行权截止时间之前选择行权.

(2) 对于美式期权,买方可在成交后、行权日行权截止时间之前的交易时段选择行权.

看涨期权:是指期权买方向期权卖方支付一定数额的权利金后,即拥有在期权合约的有效期内,按事先约定的价格向期权卖方买入一定数量的期权合约规定的特定商品的权利,但不负有必须买进的义务.而期权卖方有义务在期权规定的有效期内,应期权买方的要求,以期权合约事先规定的价格卖出期权合约规定的特定商品.

看跌期权:是指期权买方按事先约定的价格向期权卖方卖出一定数量的期权合约规定的特定商品的权利,但不负有必须卖出的义务.而期权卖方有义务在期权规定的有效期内,应期权买方的要求,以期权合约事先规定的价格买入期权合约规定的特定商品.

股票期权是以股票为标的物的期权.如果股票标的物的价格为 S,股票价格变化服从几何布朗运动,则有如下随机方程:

$$dS = \mu S dt + \sigma S dW$$

其中 S 为价格, μ 为预期收益率, σ 为波动率, W 为布朗运动(维纳过程).

布莱克-斯科尔斯期权定价公式建立在如下基本假设之上:

(1) 股票价格遵循几何布朗运动.

(2) 不存在无风险套利机会.

(3) 无风险利率 r 为常数.

(4) 交易是连续的.

(5) 交易允许卖空.

(6) 没有交易的费用.

设任意时刻 t,以某一股票 S 为标的资产的金融衍生品期权价格为 $f(S,t)$,应用伊藤公式可得

$$df = \left(\frac{\partial f}{\partial S}\mu S + \frac{\partial f}{\partial t} + \frac{1}{2}\frac{\partial^2 f}{\partial S^2}\sigma^2 S^2\right)dt + \frac{\partial f}{\partial S}\sigma S dW \tag{1.30}$$

标的股票随机项 dW 表明股票 S 有风险,可以通过期权的风险对冲股票的风险,也就是说,为了消除随机项 dW,合理配置股票和期权的头寸,构建一个无风险组合 Π,这个无风险组合的总价值为

$$\Pi = -f + \frac{\partial f}{\partial S}S \tag{1.31}$$

$$d\Pi = -df + \frac{\partial f}{\partial S}dS = \left(-\frac{\partial f}{\partial t} - \frac{1}{2}\frac{\partial^2 f}{\partial S^2}\sigma^2 S^2\right)dt \tag{1.32}$$

无风险组合 Π 应该满足如下无套利原则:

$$d\Pi = r\Pi dt$$

其中 r 为无风险利率,并且 r 为常数,由此可得布莱克-斯科尔斯偏微分方程为

$$rf = \frac{\partial f}{\partial t} + rS\frac{\partial f}{\partial S} + \frac{1}{2}\frac{\partial^2 f}{\partial S^2}\sigma^2 S^2 \tag{1.33}$$

可以看出方程(1.33)中已经消去了随机项 dW 和预期收益率 μ,因此,即使不同的市场参与者对股票有不同的预期收益,但都会得到同样的期权价格.赫尔在《期权、期货与其他衍生品》(《Options, Futures, and Other Derivatives》)一书中对布莱克-斯科尔斯偏微分方程总结如下:

> 我们之所以可以建立无风险交易组合是由于股票价格与期权价格受同一种不确定性的影响:股票价格的变动.在任意一个短时间内,衍生产品的价格与股票价格有完美的相关性;在建立了一个适当的股票与期权的组合后,由股票所带来的盈亏总是可以抵消由期权所带来的盈亏.这样一来,交易组合在一个短时间内的价值变化也就成为已知而没有不确定性.

偏微分方程的边界条件由不同的期权类型决定,对于欧式看涨期权,方程的边界条件是

$$f(T) = \max(S(T) - K, 0)$$

为了求解布莱克-斯科尔斯偏微分方程,可以通过如下变换把式(1.33)变换成一个热传导方程:

$$f(S,t) = e^{r(t-T)} y(x,t') \tag{1.34}$$

其中

$$x \equiv \frac{2}{\sigma^2}\left(r - \frac{1}{2}\sigma^2\right)\left[\ln\left(\frac{S}{K}\right) - \left(r - \frac{\sigma^2}{2}\right)(t-T)\right]$$

$$t' \equiv -\frac{2}{\sigma^2}\left(r - \frac{\sigma^2}{2}\right)(t-T)$$

经过这个变换,布莱克-斯科尔斯偏微分方程就变为如下的热传导方程:

$$\frac{\partial y(x,t')}{\partial t'} = \frac{\partial^2 y(x,t')}{\partial x^2} \tag{1.35}$$

通过 x 和 t' 的变换,上面热传导方程的解,即布莱克-斯科尔斯欧式看涨期权定价公式为

$$f(S,t) = SN(d_1) - K e^{r(t-T)} N(d_2) \tag{1.36}$$

其中 $N(z)$ 是如下标准正态分布变量的累积概率分布函数:

$$N(z) = \frac{1}{\sqrt{2\pi}} \int_{-\infty}^{z} e^{-\frac{y^2}{2}} dy$$

$$d_1 = \frac{\ln\left(\frac{S}{K}\right) + \left(r + \frac{\sigma^2}{2}\right)(T-t)}{\sigma\sqrt{T-t}}$$

$$d_2 = d_1 - \sigma\sqrt{T-t}$$

1.2.3 均值-方差理论

如果一个随机过程服从正态分布,则只需要均值和方差这两个参量就完全可以描述随机过程的概率分布. 马科维茨正是基于证券遵从布朗运动随机漫步模型,巧妙地用均值代表预期收益率 R_p,用方差代表风险 σ,成功地量化了收益和风险,建立了投资组合的均值-方差模型.

一个投资组合的预期收益率可由构成它的证券预期收益的加权平均值表示,即

$$R_\text{p} = \sum_{i=1}^{N} X_i R_i \tag{1.37}$$

其中，R_i 为证券 i 的预期收益率，X_i 为投资于证券 i 的比例，比例加和一定等于 1，即

$$\sum_{i=1}^{N} X_i = 1$$

一个投资组合预期收益率的方差可表示为

$$\sigma_\text{p}^2 = \sum_{i=1}^{N} \sum_{j=1}^{n} X_i X_j \operatorname{cov}(R_i, R_j) \tag{1.38}$$

其中，$\operatorname{cov}(R_i, R_j)$ 是协方差，满足

$$\operatorname{cov}(R_i, R_j) = \rho_{ij} \sigma_i \sigma_j \tag{1.39}$$

ρ_{ij} 为相关系数，且

$$\rho_{ij} = \frac{\sigma_{ij}}{\sigma_i \sigma_j} \tag{1.40}$$

马科维茨均值-方差模型试图在不确定的投资决策条件下，确定地找到资金在 N 种投资对象上的最优分配比例．也就是说，使投资者收益最大化的同时，确保风险最小化．根据理性经济人假设，理性经济人总能在风险一定的情况下最大化预期收益，或者说在预期收益一定的情况下最小化风险．所以投资过程可以抽象为，给定风险的条件下，收益最大化：

$$\max_{X_i} E[U(R_\text{p})] = E\Big[U\Big(\sum_{i=1}^{N} X_i R_i\Big)\Big] \tag{1.41}$$

$$\text{s.t.} \quad \sum_{i=1}^{N} X_i = 1$$

其中，$U(R_\text{p})$ 为收益效用函数，通常是凹函数（风险厌恶型）．

给定收益的条件下，风险最小化：

$$\min_{X_i} \sigma_\text{p}^2 = \sum_{i=1}^{N} \sum_{j=1}^{n} X_i X_j \operatorname{cov}(R_i, R_j) \tag{1.42}$$

$$\text{s.t.} \quad \sum_{i=1}^{N} X_i = 1$$

$$\sum_{i=1}^{N} X_i E(R_i) = R_\text{p}$$

1.3 有效市场假说

市场随机漫步模型可表示为

$$P_t = \mu + P_{t-1} + \varepsilon_t \tag{1.43}$$

$$\varepsilon_t \sim ID(0, \sigma^2) \tag{1.44}$$

其中,P_t 为证券 t 期的对数价格,μ 是价格变化的期望,ε_t 是随机白噪声,ID 表示独立同分布,$E(\varepsilon_t)=0$.

巴舍利耶的市场随机漫步模型表明股票价格变动是布朗运动,而布朗运动是一个马尔可夫过程,即当前价格已经包含了对未来做预测所需的全部信息,换句话说,无法用历史数据对未来做预测.随机漫步是未来信息不确定的体现,市场中已知的信息无法预测未来的股票价格,这就为尤金·法玛的有效市场假说奠定了理论基础.法玛利用公平博弈模型描述有效市场假说,他将有效市场假说定义为:

如果在一个证券市场中,价格完全反映了所有可以获得的信息,那么就称这样的市场为有效市场.

用数学公式可表示为

$$E(P_{j,t+1} \mid I_t) = [1 + E(r_{j,t+1} \mid I_t)]P_{j,t} \tag{1.45}$$

其中,I_t 表示市场参与者在 t 时刻可获得的所有信息;$P_{j,t}$ 表示证券 j 在 t 时刻的价格;$P_{j,t+1}$ 表示证券 j 在 $t+1$ 时刻的价格;$r_{j,t+1}$ 表示证券 j 从 t 时刻到 $t+1$ 时刻内的收益率.

法玛认为:

有效市场是这样一个市场,在这个市场中,存在着大量理性的、追求利益最大化的投资者,他们积极参与竞争,每个人都试图预测单个股票未来的市场价格,每个人都能轻易获得当前的重要信息.在一个有效市场上,众多精明投资者之间的竞争导致这样一种状况:在任何时候,单个股票的市场价格都反映了已经发生的和尚未发生、但市场预期会发生的事情.

证券价格运动也是一个鞅过程.鞅反映的是赌博的"公平性",即像掷硬币那样输赢各半.鞅性表达的是现在的状态是未来最佳可预期的状态.对于市场中的证券价格运动来说就是,基于现在所有的信息对证券未来价格的最好预期就是证券现在的价格,也就是说,市场是有效的.用数学公式表示为:假设证券价格时间序列 $\{X_n, n=0,1,\cdots\}$ 是一个鞅,$I_n = \sigma(X_0, X_1, \cdots, X_n)$ 为信息集,则

$$E(X_{n+1} \mid I_n) = X_n \tag{1.46}$$

式(1.46)表明,在已知 n 时刻及之前的所有信息这个条件下,$n+1$ 时刻价格 X_{n+1} 的期望就是 n 时刻的价格 X_n.

进一步如果考虑贴现,在已知 n 时刻及之前的所有信息这个条件下,对 $n+1$ 时刻价格 X_{n+1} 的预期不会低于 n 时刻的价格 X_n.也就是说,由于市场的鞅性质,利用过去的历史价格信息企图获得超额收益是不可能成功的.用数学公式表示为

$$R_{n+1} = rX_n \tag{1.47}$$
$$E(R_{n+1} \mid I_n) = 0$$

其中,r 为贴现率,R_{n+1} 为超额收益.

如果假设 Y_t 为 t 时刻所有公开的信息,Z_t 为 t 时刻所有未公开和内幕信息,则

$$I_n^w = \sigma(X_0, X_1, \cdots, X_n) \quad (弱信息集:所有价格信息) \tag{1.48}$$
$$I_n^{se} = \sigma(X_0, X_1, \cdots, X_n; Y_0, Y_1, \cdots, Y_n) \quad (半强信息集:所有公于信息) \tag{1.49}$$
$$I_n^s = \sigma(X_0, X_1, \cdots, X_n; Y_0, Y_1, \cdots, Y_n; Z_0, Z_1, \cdots, Z_n)$$
$$(强信息集:所有未公开和内幕信息) \tag{1.50}$$

若 $\{X_n, n=0,1,\cdots\}$ 分别关于 I_n^w, I_n^{se}, I_n^s 构成鞅,则市场分别称为弱有效的、半强有效的、强有效的.

1.4 范式转变

科学总是处于不断的范式转变中.库恩在《科学革命的结构》一书中提出了"范式转变"的三个阶段:

（1）常念阶段：几乎所有的现象都可以在现有的理论框架下研究并加以解释.

（2）危机阶段：一些"异象"的出现使现有的理论框架无法解释和回答.

（3）新范式阶段：为了回答"异常现象"而催生出了许多新理论，最终某个新理论胜出并被广泛接受.

目前，金融市场理论正处于新范式阶段.1975年，以有效市场假说为核心，以投资组合理论、资本资产定价模型、布莱克-斯科尔斯期权定价模型为基石的标准金融理论大厦建构完成.但自从1987年以来多次金融危机爆发，基于理性经济人和均衡这两个基本假设的标准金融理论已无法解释所出现的一些"市场异象".为了解释这些"市场异象"，发展出了许多具有新思想的金融市场理论：行为金融理论从人的行为、心理学角度研究市场参与者的各种决策机制，并指出正是人的非理性行为导致各种市场异象的出现；一部分经济学家转向了达尔文的生物进化论，试图用生物进化思想替代静止的牛顿物理学思想解释市场随时间的动态演化；圣塔菲研究所的阿瑟基于霍兰的"复杂自适应系统"提出了"复杂经济学"，并用计算机程序建立了人工股票市场模拟和解释各种市场异象，阿瑟认为经济是一个生态系统，市场将自组织成一个复杂的体制，市场具有不确定性和非线性特征，应该从复杂性视角研究非均衡条件下的市场.麻省理工学院的罗闻全提出了"适应性市场假说"，他认为环境是市场演化的关键，市场在不断适应外部环境的情况下不断演化发展.一些科学家也加入研究金融市场的队伍中，曼德尔布罗特提出了"多重分形市场"理论，沙登尝试用量子理论研究金融市场，《量子金融》的作者芭筌用量子力学的概念研究期权和利率，并用量子场论路径积分方法导出了布莱克-斯科尔斯期权定价方程.显然，这些新的金融市场理论都是从不同视角研究市场，也就是说，是从对市场本质的不同理解出发而构建起来的.到目前为止，还没有一个新的理论能完全替代标准金融理论.

标准金融理论没有考虑不可逆的时间因素和外部环境对市场的影响，其研究的是静止的、均衡的、简单的、线性的、封闭的市场，而真实市场是动态的、远离平衡的、复杂的、非线性的、开放的.标准经济金融理论受到了牛顿的机械决定论的极大影响.遵循牛顿的机械决定论的标准经济金融理论，认为市场就像装配好的机器一样精准运行，均衡世界中的理性经济人只不过是按照写好的、既定的剧本生活的机器人，一切都由亚当·斯密的"看不见的手"控制和调配.诺顿·杨不同意标准经济金融理论的观点，他在《个人决策与社会结构》一书中写道：

在这里，博弈者将不是超理性的，而是信息不完全的，人们根据有限的数据进行决策，使用简单的可预测的模型，有时候还做一些无法解释的甚至愚蠢的事情……在新古典经济学中，均衡是占据主导的范式.个人决策被假定为在给定预期下最优的,而预期在给定的证据下也被假定为合理的.我们也对均衡理论感兴趣,但我们坚持认为均衡只有在一个动态框架中才能被理解,该框架能解释均衡是如何产生的(假如事实上它的确产生的话).新古典经济学描述的是一旦尘埃落定世界看上去会怎样,而我们则对尘埃是如何落定的感兴趣.更重要的是,我们需要认识到尘埃实际上永远不会真正落定——在随机气流的作用下,它一直在运动.

理性经济人和均衡是标准金融理论中两个最基本的假设,不幸的是这两个假设完全脱离了真实世界.建构在理性经济人和均衡这两个完全脱离真实世界的基本假设之上的金融大厦,看似优美和坚不可摧.但实际上,就像沙滩上的城堡一样,不管多么宏伟壮观,在暴风雨面前同样不堪一击.标准金融理论活在自己虚构的童话世界中,完全脱离了现实生活中的真实市场,正如理查德在《理论的终结》一书中所写:

> 经济学可以存在于铁定公理的壁垒、严格的数学和优雅的模型之中,因为它占据了一个幻想世界,一个对数学的一致性和合理性有吸引力的世界,但这并非为现实世界激发,也并非与现实世界相关.

《与天为敌》的作者伯恩斯坦写道:

> 我们不可能把未来的数据输入计算机,因为我们不可能获得这些数据.所以,我们把过去的数据输入计算机,以此来支持我们根据线性模式或非线性模式创造出的决策机制.但是,其中存在着逻辑学的陷阱.其实生活的历史数据构成了一系列连续的事件,而不是一系列独立的观察资料,这是概率法则所需要的.历史仅仅给我们提供了一个经济和资本市场的样本,并没有给我们提供成千上万个独立的随机分布的数字.尽管许多经济和金融变量的分布近似一条钟形曲线,但是这个图形仍不完美.再强调一次,类似真相并不等于真相.野性隐藏于边缘和不完美中.

市场内在的不确定性就是伯恩斯坦所说的"野性".金融市场是由市场参与者、证券及资本和环境构成的,真实世界的金融市场作为一个复杂的、非平衡的、非线性的开放系统,决定其具有如下的基本属性:市场参与者决策的不确定性、证券价格的不确定性、市场状态及结构的不确定性.

1. 市场参与者决策的不确定性

人的大脑的决策过程是一个非常复杂的"路径"选择过程,市场参与者的交易决策选择有三种可能"路径":买、卖、观望.我们认为人的大脑像一台"量子计算机"在同一时间并行地处理多个任务,而不是像冯·诺依曼架构的计算机那样一条一条顺序地执行指令.换句话说,市场参与者在决策时,各种可能的决策"路径"在人的大脑中处于一种叠加的状态,即决策前大脑处于一种不确定的决策状态.输入信息的不同,或者对相同信息的理解不同,都可能改变市场参与者的决策状态,只在最后决策瞬间才"塌缩"到一个确定的可观测的决策"路径"上.比如,决策前大脑处于"又买又卖"的叠加状态,决策瞬间转换到"买"交易操作.决策过程会改变最后的决策结果,这种不确定性完全不同于掷硬币这种可以用客观概率描述的完全随机过程.

2. 证券价格的不确定性

所有市场参与者之间的复杂的相互作用,即竞争与合作的博弈过程所形成的"市场力"具有支配市场的力量,最终设定证券的市场价格.在金融市场中,市场参与者之间是以传递和交换信息的方式相互关联在一起的,也就是说,市场参与者之间相互作用的本质是信息,因此,"市场力"的本质是信息,信息的不完全性及不对称性导致了证券价值的不确定性,我们认为价值不是对应一个确定的价格而是对应一组不确定的价格,即价值处于所有可能的价格的叠加状态,只是在交易瞬间才转换到一个确定的价格上.

3. 市场状态及结构的不确定性

金融市场是一个开放的耗散系统,市场除了从环境获取资本和新技术等物质因素外,不断与环境交换信息.市场通过与环境的相互作用维持其复杂的有序结构.有两种力量作用在市场的证券上:第一种力量来源于上述的市场参与者相互之间的竞争与合作的博弈;第二种力量来源于外界环境信息的作用,外界环境输入的信息会影响市场参与者决策"路径"的选择,从而进一步影响证券价格的波动.因此,市场的状态(上涨或下跌)就在这两种力量的作用下不断演化,使金融市场具有状态和结构的不确定性.

综上所述,金融市场的基本属性是市场参与者决策的不确定性、证券价值的不确定性和市场状态及结构的不确定性.真实市场的不确定性是内在的、必然的,不是外在的、偶然随机的,市场的不确定性不是由于对市场的认识不足产生的.我们将在本书的余下部分中,试图从"市场的基本属性是不确定性"出发,利用量子理论和信息论的思想和方法,来构建一种新的市场理论.我们认为市场的交易过程是一种"测量"过程,因为测量会干扰系统的状态,所以交易过程会改变最终的交易结果,从而造成市场内在的、无法通过任何系统的方法消除的不确定性.真实市场既不是有效市场,也不是无效市场,而是不确定的市场.这就是我们提出的"不确定性市场假说"的核心思想.

总而言之,以下三点构成了我们的不确定性市场理论对标准金融理论的范式转变:

(1) 市场是概率的、非决定论的,不再遵循牛顿机械的、决定论范式;

(2) 市场的演化是不确定的,我们不能从市场的过去推测市场的未来,因果律不再适用;

(3) 市场是内在不确定的,市场在做量子漫步而不是随机漫步.

第 2 章

量子理论的基本原理

爱丁顿在《物理科学的哲学》一书中写道:

> 我们究竟观察到了什么?相对论给出的答案是,我们只能观察到关系.量子论给出了另一种答案——我们只能观察到概率.

20 世纪量子理论的诞生是人类科学史上的重大变革,量子论的本质是概率解释.它不仅是继牛顿力学和相对论之后一场思想观念的大变革,而且导致了高新科学技术的迅猛发展,使人类进入了崭新的科技文明.

蔡林格在《量子百年》中写道:

> 当普朗克于 1900 年 12 月 14 日在德国物理协会上宣布他的量子假设时,包括他本人在内,没有人意识到他开启了一扇通向一个对自然进行全新理论描述的大门.量子力学在解释许多现象上有不可超越的成功——从基本粒子的结构,穿过化学链或者许多固态现象的本质,一直到早期宇宙的物理学.迄今,全部实验用令人惊讶的

精确性,强有力地证实了所有的量子预测.

量子力学也导致了巨大的技术运用.没有量子力学,现代高科技的发展将是不可想象的——激光和半导体仅仅是这方面的两个例子.但是,最重要的是,量子力学在一定程度上改变了我们的世界观,这种改变完全是令人吃惊的,而且有前所未有的深度.

目前,量子理论的思想和方法,不仅在自然科学领域得到了广泛的应用,而且正在向社会科学领域,如经济学和金融学领域扩展,量子金融就是在这个过程中所产生的一个新的交叉学科.在本章中概要介绍与本书相关的量子理论的若干基本原理.

2.1 量子态

原子、分子等微观粒子所组成的系统,可称为量子系统.量子系统的状态用波函数来描述,对于单粒子量子系统的波函数可用三维笛卡儿空间的函数来表示:

$$\psi(x,y,z,t)$$

对于 N 个粒子的量子系统的波函数可用 $3N$ 维笛卡儿空间的函数来表示:

$$\psi(x_1,x_2,\cdots,x_{3N},t)$$

波函数的物理意义是:量子系统的粒子在空间 (x,y,z) 点出现的概率,即

$$\rho(x,y,z,t) = \psi^*(x,y,z,t)\psi(x,y,z,t) = |\psi|^2 \tag{2.1}$$

由于波函数与概率相关联,因此,波函数满足归一化条件:

$$\int \psi^*(x,y,z,t)\psi(x,y,z,t)\mathrm{d}x\mathrm{d}y\mathrm{d}z = 1 \tag{2.2}$$

由式(2.2)给出:波函数是一种平方可积函数,因此,波函数在数学性质上是希尔伯特(Hilbert)空间的矢量.

采用狄拉克(Dirac)符号的抽象表示方法,波函数也可表示为 $|\psi\rangle$.符号"$|\cdot\rangle$"用来表示对象"$\cdot$"为希尔伯特空间一矢量,通常称 $|\psi\rangle$ 为右矢.量子系统的波函数 $|\psi\rangle$ 随时间的演化的一般规律是如下形式的薛定谔方程:

$$\mathrm{i}\hbar \frac{\mathrm{d}|\psi\rangle}{\mathrm{d}t} = \hat{H}|\psi\rangle \tag{2.3}$$

其中$\hbar$是普朗克常数，$\hat{H}$是封闭系统的哈密顿能量算符。薛定谔方程(2.3)是波函数的线性方程。因此，若$|\psi_1\rangle$和$|\psi_2\rangle$都是它的解，则$|\psi_1\rangle$和$|\psi_2\rangle$的线性叠加也是它的解：

$$|\psi\rangle = c_1|\psi_1\rangle + c_2|\psi_2\rangle \tag{2.4}$$

与$|\psi\rangle$量子态相关的概率为

$$||\psi\rangle|^2 = (c_1|\psi_1\rangle^* + c_2|\psi_2\rangle^*) * (c_1|\psi_1\rangle + c_2|\psi_2\rangle)$$
$$= |c_1|^2|\psi_1\rangle^2 + |c_2|^2|\psi_2\rangle^2 + c_1^* c_2|\psi_1\rangle^*|\psi_2\rangle + c_1 c_2^*|\psi_1\rangle|\psi_2\rangle^*$$

此式表明：当某一量子系统处于它的两个可能状态$|\psi_1\rangle$和$|\psi_2\rangle$的叠加态时，该量子系统可能处于哪个状态是不确定的，但是它处于$|\psi_1\rangle$态的概率可由$|c_1|^2$给出，处于$|\psi_2\rangle$态的概率为$|c_2|^2$。这就是量子态的叠加原理，它的一般表达式为

$$|\psi\rangle = \sum_n c_n |\psi_n\rangle \tag{2.5}$$

上述表明，利用波函数描述量子态，不能给出粒子的确定的空间位置，只能给出在空间位置上的概率分布，这是一种统计性的不确定性描述。利用量子理论的这个基本思想，我们描述了金融市场中的不确定性状态，从而给出了金融市场不确定性的一种定量表示方法。

2.2 量子算符

当量子系统处于$|\psi\rangle$状态时，若对其进行一种操作$\hat{A}$，则量子系统转变为新的状态$|\varphi\rangle$，这种过程可表达为

$$|\varphi\rangle = \hat{A}|\psi\rangle \tag{2.6}$$

通常把表示这种操作的运算符号$\hat{A}$，简称为量子算符，也可以称为力学量算符，或可观测量算符等。如前所述，波函数$|\psi\rangle$是希尔伯特空间的矢量，则量子算符$\hat{A}$的作用，在希尔伯特空间，可用一种线性变换来表达，从而量子算符$\hat{A}$可表达为如下的矩阵形式：

$$\begin{bmatrix} |\varphi_1\rangle \\ \vdots \\ |\varphi_n\rangle \end{bmatrix} = \begin{bmatrix} a_{11} & \cdots & a_{1n} \\ \vdots & \ddots & \vdots \\ a_{n1} & \cdots & a_{nn} \end{bmatrix} \begin{bmatrix} |\psi_1\rangle \\ \vdots \\ |\psi_n\rangle \end{bmatrix} \tag{2.7}$$

其中,波函数$|\psi\rangle$和$|\varphi\rangle$分别用n维希尔伯特空间的列矢量表示,矩阵$[a_{ij}]$就是算符$\hat{A}$的矩阵表示形式.

量子算符$\hat{A}$满足如下的本征方程:

$$\hat{A}|\psi\rangle = \lambda|\psi\rangle \tag{2.8}$$

通常,称λ为量子算符$\hat{A}$的一个本征值,称式中的$|\psi\rangle$为对应于本征值λ的量子算符$\hat{A}$的本征函数.显然在量子算符本征方程式(2.8)中,量子算符$\hat{A}$是已知的,而本征值λ和本征函数$|\psi\rangle$都是未知的,需要求解此方程,才能获得用以表示量子算符$\hat{A}$若干属性的本征值λ和本征函数$|\psi\rangle$.从线性代数中可知,求解式(2.8)的基本方法是求解如下的特征方程:

$$c(\lambda) = \det|A - \lambda I| = 0 \tag{2.9}$$

其中,det是矩阵的行列式,A是量子算符$\hat{A}$的矩阵,I是单位元矩阵.特征方程$c(\lambda)=0$的根,就是量子算符$\hat{A}$的本征值.进而把已知的λ值代入式(2.8),可得与λ值对应的本征函数$|\psi\rangle$.由代数基本定理得知,每个多项式至少有一个根.因此,每个量子算符$\hat{A}$至少有一个本征值λ和本征函数$|\psi\rangle$.如果属于本征值λ的本征函数$|\psi\rangle$只有一个,则称此种情况为非简并的,否则称为简并的.属于同一本征值的本征函数的数目称为简并度.

类似于几何学中选择各种不同的坐标系来表示某一个矢量,希尔伯特空间也可以选择不同的空间基矢.由于量子系统的波函数是希尔伯特空间的矢量,我们可以用量子算符或力学量算符的本征函数的完全集来作为希尔伯特空间的基矢.也就是说,在量子理论中(x,y,z)笛卡儿坐标系只是表示波函数的一种坐标系,不再像经典力学中具有主导的作用.通常,把用力学量算符的本征函数作为希尔伯特空间的基矢的方式称为"表象".表象理论在量子理论中发挥着重要作用.

综上所述,在量子理论中,用波函数表示量子态,用量子算符表示量子系统的行为和力学量或可观测量的性质.我们把量子算符的基本思想扩展到金融市场理论,把市场运行过程中的各种操作用相应算符表示,构建金融市场运行机制的定量表达方法,并且揭示不确定性运行机制的深刻内涵.

2.3 量子信息

量子信息是居于量子理论与信息科学技术相互交叉的学科领域,它不但发展了量子理论的思想和方法,而且产生了新的科学技术,比如量子通信、量子计算机,也产生了若干非常有效的量子算法,如 Shor 因子分解量子算法、Grover 数据库量子搜索算法、量子遗传算法等.本节着重阐述与本书内容相关的量子信息中的一些基本概念和方法.

比特(bit)是经典计算机信息存储的基本单位,用 0 或 1 表示,它表示是处于 0 表示的状态,或是 1 表示的状态.量子比特(qbit)是一个二维量子系统中,信息存储的基本单位.一个量子比特表示的量子态 $|\psi\rangle$ 用二维量子系统的两个状态 $|0\rangle$ 和 $|1\rangle$ 的线性组合来表示,即

$$|\psi\rangle = \alpha |0\rangle + \beta |1\rangle \tag{2.10}$$

其中,α 和 β 称为对应基态 $|0\rangle$ 和 $|1\rangle$ 的概率幅,可以检测一个量子比特的量子态处于 $|0\rangle$ 态的概率为 α^2,处于 $|1\rangle$ 态的概率为 β^2,并且它们满足归一化条件

$$\alpha^2 + \beta^2 = 1 \tag{2.11}$$

由此可见,对于一个量子比特,由于 α 和 β 可以取 $[0,1]$ 之间的任何值,因而可以由 $|0\rangle$ 和 $|1\rangle$ 组合成许多量子态.对于经典比特而言,只能表示 0 或 1 的一种状态,即相当于 α 和 β 只能取 0 或 1 的状态.显然,量子比特与经典比特相比,可以存储更多的信息.

由两个经典比特构成双比特的状态,只能有四种可能的组合态:(00),(01),(10) 和 (11).由两个单量子比特构成的双量子比特,对应的有四个基态,记为 $|00\rangle$,$|01\rangle$,$|10\rangle$,$|11\rangle$.一个双量子比特的量子态 $|\psi\rangle$ 由这个基态的线性叠加构成,即

$$|\psi\rangle = \alpha_{00} |00\rangle + \alpha_{01} |01\rangle + \alpha_{10} |10\rangle + \alpha_{11} |11\rangle \tag{2.12}$$

其中,α_{00},α_{01},α_{10} 和 α_{11} 分别表示第一个量子比特处于 $|0\rangle$,$|0\rangle$,$|1\rangle$ 和 $|1\rangle$,而第二个量子比特处于 $|0\rangle$,$|1\rangle$,$|0\rangle$ 和 $|1\rangle$ 的概率幅.通常也把 $|00\rangle$ 符号中的不同位置称为比特位,即第一个量子比特处于第一个位置,第二个量子比特处于第二个位置.对于双量子比特,四个概率幅满足如下归一化条件:

$$\alpha_{00}^2 + \alpha_{01}^2 + \alpha_{10}^2 + \alpha_{11}^2 = 1 \tag{2.13}$$

一般地，由 n 个量子比特所构成的多量子比特，或者说具有 n 个比特位的量子比特，它所具有的基态可表达为 $|x_1, x_2, \cdots, x_n\rangle$ 形式，其中，$x_1, x_2, \cdots, x_n = 0, 1$，这种形式基态的数量为 2^n，比如，$n=1$ 为单量子比特，其基态有两个，为 $|0\rangle$ 和 $|1\rangle$；$n=2$ 为双量子比特，其基态有四个，为 $|00\rangle, |01\rangle, |10\rangle$ 和 $|11\rangle$；$n=3$ 为三量子比特，其基态有八个，为 $|000\rangle, \cdots, |111\rangle$。若用 $|u_k\rangle$ 表示 k 个基态，即 $k=1, 2, \cdots, 2^n$，则多量子比特 $|\psi\rangle$ 可由这些基态的线性叠加来表示，即

$$|\psi\rangle = \sum_{k=1}^{2^n} c_k |u_k\rangle \tag{2.14}$$

其中，概率幅 c_k 满足归一化条件：

$$\sum_{k=1}^{2^n} |c_k|^2 = 1 \tag{2.15}$$

由此可见，随着比特位 n 的增大，一个量子比特所承载的信息量非常迅速地增大，远远超过相应的经典比特所能承载的信息量。

量子比特是量子信息的基本概念，除此之外，量子门也是量子信息的另一个基本概念。类似于经典计算机中的逻辑门，量子门也负责处理信息，把信息从一种形式转变为另一种形式。

量子门的基本功能是把量子门作用到量子比特的量子态上，可使其转变为新的量子态。因此，量子门本质上是一个量子算符，它是对量子态进行的操作，可以用幺正矩阵对其进行表示，量子门按照它们作用的量子比特位的数目，可分为一位门、二位门和三位门等。

单量子比特的两个基态 $|0\rangle$ 和 $|1\rangle$ 是二维的列向量，采用如下形式表示：

$$|0\rangle = \begin{bmatrix} 1 \\ 0 \end{bmatrix}, \quad |1\rangle = \begin{bmatrix} 0 \\ 1 \end{bmatrix} \tag{2.16}$$

它们是一对正交归一化的基向量。最简单的一位量子门具有泡利矩阵的形式，它们是

$$X = \begin{bmatrix} 0 & 1 \\ 1 & 0 \end{bmatrix} \tag{2.17}$$

它的作用是

$$X|0\rangle = \begin{bmatrix} 0 & 1 \\ 1 & 0 \end{bmatrix}\begin{bmatrix} 1 \\ 0 \end{bmatrix} = \begin{bmatrix} 0 \\ 1 \end{bmatrix} = |1\rangle$$

$$X|1\rangle = \begin{bmatrix} 0 & 1 \\ 1 & 0 \end{bmatrix}\begin{bmatrix} 0 \\ 1 \end{bmatrix} = \begin{bmatrix} 1 \\ 0 \end{bmatrix} = |0\rangle$$

$$Y = \begin{bmatrix} 0 & -1 \\ 1 & 0 \end{bmatrix} \qquad (2.18)$$

它的作用是

$$Y|0\rangle = |1\rangle, \quad Y|1\rangle = -|0\rangle$$

$$Z = \begin{bmatrix} 1 & 0 \\ 0 & -1 \end{bmatrix} \qquad (2.19)$$

它的作用是

$$Z|0\rangle = |0\rangle, \quad Z|1\rangle = -|1\rangle$$

另外一个被经常使用的一位量子门,被称为哈达玛门,它的矩阵表示形式为

$$H = \frac{1}{\sqrt{2}} \begin{bmatrix} 1 & 1 \\ 1 & -1 \end{bmatrix} \qquad (2.20)$$

它的作用是

$$H|0\rangle = \frac{|0\rangle + |1\rangle}{\sqrt{2}}$$

$$H|1\rangle = \frac{|0\rangle - |1\rangle}{\sqrt{2}}$$

也就是说,这个量子门的作用可以把基态$|0\rangle$或$|1\rangle$转变为这两个基态的线性组合.

双量子比特的四个基态$|00\rangle,|01\rangle,|10\rangle$和$|11\rangle$,可用四维列向量表示,即

$$|00\rangle = \begin{bmatrix} 1 \\ 0 \\ 0 \\ 0 \end{bmatrix}, \quad |01\rangle = \begin{bmatrix} 0 \\ 1 \\ 0 \\ 0 \end{bmatrix}, \quad |10\rangle = \begin{bmatrix} 0 \\ 0 \\ 1 \\ 0 \end{bmatrix}, \quad |11\rangle = \begin{bmatrix} 0 \\ 0 \\ 0 \\ 1 \end{bmatrix} \qquad (2.21)$$

被广泛使用的二位量子门,称作 CNOT 门,它的矩阵表示形式为

$$A = \begin{bmatrix} 1 & 0 & 0 & 0 \\ 0 & 1 & 0 & 0 \\ 0 & 0 & 0 & 1 \\ 0 & 0 & 1 & 0 \end{bmatrix} \qquad (2.22)$$

它的作用是

$$\begin{cases} A\,|00\rangle = |00\rangle \\ A\,|01\rangle = |01\rangle \\ A\,|10\rangle = |11\rangle \\ A\,|11\rangle = |10\rangle \end{cases} \tag{2.23}$$

在量子信息技术中,通常把第一个量子比特位称为控制量子比特,第二个量子比特位称为目标量子比特. CNOT 量子门的作用是:当第一个控制量子比特取 $|0\rangle$ 时,目标量子比特不发生变化,当第一个控制量子比特取 $|1\rangle$ 时,目标量子比特发生翻转. 因此,它起到的是可控非门的作用.

综上所述,在量子态和量子算符基础上所发展出来的量子比特和量子门概念,成为量子信息理论和技术的最基本的概念. 我们把这两个基本概念推广到金融系统中,用来定量表示金融市场的信息态,以及在市场运行过程中,信息态的转变规律.

2.4 量子统计

量子理论本质上是一种统计理论. 如前所述,描述微观粒子状态的波函数 $\psi(x,t)$ 不能给出它的确定的空间位置,只能给出它在空间位置上的概率分布,这是量子态的统计解释. 在经典力学中,系统的状态用相空间代表点 (q,p) 表示,任意力学量 A 都是系统的坐标 q 和动量 p 的函数,也就是说,它是系统状态 (q,p) 的函数,系统的状态完全确定了力学量的数值. 但是,在量子理论中,力学量并不是系统状态函数(即波函数 $|\psi\rangle$)的函数,而是用一些作用在状态波函数 $|\psi\rangle$ 上的量子算符 $\hat{A}$ 来表示. 在一般情况下,即使准确地给出了系统的状态波函数 $|\psi\rangle$,也不能给出力学量 $\hat{A}$ 的确定的数值,而只能给出力学量 $\hat{A}$ 的平均值 $\overline{\hat{A}}$,即

$$\overline{\hat{A}} = \langle \psi | \hat{A} | \psi \rangle \tag{2.24}$$

通常,把描述量子系统统计性质的理论形式,简称为量子统计.

统计理论研究的对象不是单个系统,而是大量系统构成的系综. 若把相空间的每个代表点看成一个系统,则把这些代表点的总和称为系综,因此,系综是由大量的性质相同的系统所组成的,每个系统各处在某一状态,而且是各自独立的. 在经典统计理论中,引入系综密度分布函数 ρ,描述系综的统计性质,经典统计理论的基本问题就是确定系综密

度分布函数 ρ 的具体表达形式. 在量子统计理论中,类似地,引入密度算符 $\hat{\rho}$,描述量子系综的统计性质,它给出了量子系统状态的最详尽的信息,量子统计理论的基本问题就是确定密度算符 $\hat{\rho}$ 的具体表达形式.

由单一波函数 $|\psi\rangle$ 描述的量子态,称为纯态,对于纯态系综的密度算符 $\hat{\rho}$,具有如下的表达形式:

$$\hat{\rho} = |\psi\rangle\langle\psi| \tag{2.25}$$

其中 $\langle\psi|$ 是狄拉克符号中的左矢,它是右矢 $|\psi\rangle$ 的复共轭算符,即

$$|\psi\rangle^* = \langle\psi| \tag{2.26}$$

或

$$\langle\psi|^* = |\psi\rangle \tag{2.27}$$

密度算符对于任意波函数 $|\varphi\rangle$ 的作用为

$$\hat{\rho}|\varphi\rangle = |\psi\rangle\langle\psi|\varphi\rangle = C|\psi\rangle \tag{2.28}$$

其中

$$C = \langle\psi|\varphi\rangle \tag{2.29}$$

由于波函数可看作希尔伯特状态空间的向量,因此,C 是向量 $|\varphi\rangle$ 在向量 $|\psi\rangle$ 上的投影,也就是说,密度算符 $\hat{\rho}$ 是投影算符.

由一组波函数 $(|\psi_1\rangle,|\psi_2\rangle,\cdots,|\psi_n\rangle)$ 所描述的量子态,称为混合态,其中量子系统处于 $|\psi_1\rangle$ 的概率为 P_1,处于 $|\psi_2\rangle$ 的概率为 P_2……处于 $|\psi_n\rangle$ 的概率为 P_n. 对于混合态系综的密度算符 $\hat{\rho}$,可表达为如下形式:

$$\hat{\rho} = \sum_{i=1}^{n} p_i |\psi_i\rangle\langle\psi_i| \tag{2.30}$$

密度算符 $\hat{\rho}$ 作为希尔伯特状态空间的线性算符,可以表示为矩阵形式,例如,如下的量子态

$$|\psi\rangle = \frac{1}{\sqrt{2}}|00\rangle + \frac{1}{\sqrt{2}}|01\rangle = \frac{1}{\sqrt{2}}\begin{bmatrix}1\\1\\0\\0\end{bmatrix}$$

它相应的密度矩阵为

$$\hat{\rho} = |\psi\rangle\langle\psi| = \frac{1}{2}\begin{bmatrix} 1 & 1 & 0 & 0 \\ 1 & 1 & 0 & 0 \\ 0 & 0 & 0 & 0 \\ 0 & 0 & 0 & 0 \end{bmatrix}$$

因此,通常也把密度算符称为密度矩阵.

对于任意的量子算符 $\hat{A}$,利用密度算符 $\hat{\rho}$ 可以得到 $\hat{A}$ 的平均值 $\bar{A}$,即

$$\bar{A} = \mathrm{tr}(\hat{A}\hat{\rho}) \tag{2.31}$$

其中,符号"tr"表示取相关矩阵的"迹",即对角元素之和.式(2.31)与式(2.24)是完全等价的,是量子统计中计算力学量平均值的方法.

密度算符 $\hat{\rho}$ 随时间 t 演化的动力学方程,具有如下形式:

$$\frac{\partial \hat{\rho}(t)}{\partial t} = -[\hat{\rho}, \hat{H}] \tag{2.32}$$

或

$$\frac{\mathrm{d}\hat{\rho}}{\mathrm{d}t} = 0 \tag{2.33}$$

其中 $\hat{H}$ 为哈密顿算符.

在量子理论中,量子系统的运动方程有三种基本形式:

1. **薛定谔形式的波动力学形式**

在这种形式中,波函数 $\psi(x,t)$ 随时间变化的规律,遵从如下的薛定谔方程:

$$\mathrm{i}\hbar\frac{\partial \psi(x,t)}{\partial t} = \hat{H}\psi(x,t)$$

力学量采用算符的形式,并且不随时间变化.

2. **海森伯形式的矩阵力学形式**

在这种形式中,力学量算符 $\hat{q}$ 和 $\hat{p}$ 随时间变化的规律,遵从如下的哈密顿正则方程:

$$\frac{\mathrm{d}\hat{q}}{\mathrm{d}t} = [\hat{q}, \hat{H}] = \frac{\partial \hat{H}}{\partial \hat{p}} \tag{2.34}$$

$$\frac{\mathrm{d}\hat{p}}{\mathrm{d}t} = [\hat{p}, \hat{H}] = -\frac{\partial \hat{H}}{\partial \hat{q}} \tag{2.35}$$

力学量算符采用矩阵形式,波函数不随时间变化.

3. 统计力学形式

在这种形式中,密度算符 $\hat{\rho}$ 随时间的变化,遵从式(2.33)的形式.密度算符 $\hat{\rho}$ 与波函数之间的关系,由式(2.25)和式(2.30)给出.

量子理论的以上三种形式是相互等价的,为解决各种类型的实际问题提供了有效的方法.在金融市场不确定性的研究中,对于不同的问题,我们采用了上述不同的方法.

2.5 量子测量

量子测量系统是由测量仪器和被测量子系统组成的复合系统.由于测量仪器和被测量子系统之间在进行测量时存在着相互关联,形成相互纠缠形式的量子态,通常被称为纠缠态,它是量子系统所特有的状态,在量子测量过程中,发挥着主要的作用.因此,在分析量子测量过程之前,我们首先对量子纠缠态的定义和表示方法,做简单的介绍.

由多个不同物理系统组成的复合量子系统的状态空间是其组成子系统状态空间的张量积,若用 $|\psi_1\rangle, |\psi_2\rangle, \cdots, |\psi_n\rangle$ 表示子系统的量子态,则复合系统的量子态 $|\psi\rangle$ 可表示为

$$|\psi\rangle = |\psi_1\rangle \otimes \cdots \otimes |\psi_n\rangle \tag{2.36}$$

其中符号 $\otimes$ 表示张量积运算.张量积是多向量空间组合在一起,构成更大向量空间的一种方法.若 A 是一个 $m \times n$ 矩阵, B 是一个 $p \times q$ 矩阵,则张量积的矩阵表示为

$$A \otimes B = \begin{bmatrix} A_{11}B & \cdots & A_{1n}B \\ \vdots & \ddots & \vdots \\ A_{m1}B & \cdots & A_{mn}B \end{bmatrix} \tag{2.37}$$

例如,泡利矩阵 X 和 Y 的张量积的矩阵表示为

$$X \otimes Y = \begin{bmatrix} 0 \times Y & 1 \times Y \\ 1 \times Y & 0 \times Y \end{bmatrix} = \begin{bmatrix} 0 & 0 & 0 & -1 \\ 0 & 0 & 1 & 0 \\ 0 & -1 & 0 & 0 \\ 1 & 0 & 0 & 0 \end{bmatrix} \tag{2.38}$$

在复合量子系统中，当子系统之间存在相互关联作用时，复合系统的量子态不能表示为子系统量子态张量积的形式，把这种复合系统量子态称为纠缠态，它是量子系统所特有的状态．纠缠态可用密度矩阵表示，例如：

(1)

$$|\varphi_1\rangle = \frac{1}{\sqrt{2}}|00\rangle + \frac{1}{\sqrt{2}}|01\rangle = \frac{1}{\sqrt{2}}\begin{bmatrix} 1 \\ 1 \\ 0 \\ 0 \end{bmatrix} \quad (2.39)$$

$$\hat{\rho}_1 = |\varphi_1\rangle\langle\varphi_1| = \frac{1}{2}\begin{bmatrix} 1 & 1 & 0 & 0 \\ 1 & 1 & 0 & 0 \\ 0 & 0 & 0 & 0 \\ 0 & 0 & 0 & 0 \end{bmatrix} \quad (2.40)$$

(2)

$$|\varphi_2\rangle = \frac{1}{\sqrt{2}}|00\rangle + \frac{1}{\sqrt{2}}|11\rangle = \frac{1}{\sqrt{2}}\begin{bmatrix} 1 \\ 0 \\ 0 \\ 1 \end{bmatrix} \quad (2.41)$$

$$\hat{\rho}_2 = |\varphi_2\rangle\langle\varphi_2| = \frac{1}{2}\begin{bmatrix} 1 & 0 & 0 & 1 \\ 0 & 0 & 0 & 0 \\ 0 & 0 & 0 & 0 \\ 1 & 0 & 0 & 1 \end{bmatrix} \quad (2.42)$$

(3)

$$|\varphi_3\rangle = \frac{1}{\sqrt{2}}|00\rangle + \frac{1}{\sqrt{3}}|01\rangle + \frac{1}{\sqrt{3}}|11\rangle \quad (2.43)$$

$$\hat{\rho}_3 = |\varphi_3\rangle\langle\varphi_3| = \frac{1}{3}\begin{bmatrix} 1 & 1 & 0 & 1 \\ 1 & 1 & 0 & 1 \\ 0 & 0 & 0 & 0 \\ 1 & 1 & 0 & 1 \end{bmatrix} \quad (2.44)$$

在这几个例子中，可以得到：

$\hat{\rho}_1$ 可以分解为

$$\hat{\rho}_1 = \frac{1}{\sqrt{2}} \left[\begin{bmatrix} 1 & 0 \\ 0 & 0 \end{bmatrix} \otimes \begin{bmatrix} 1 & 1 \\ 1 & 1 \end{bmatrix} \right] \tag{2.45}$$

$\hat{\rho}_2$ 不可以分解,而 $\hat{\rho}_3$ 可以分解为

$$\hat{\rho}_3 = \frac{1}{\sqrt{3}} \left[\begin{bmatrix} 1 & 1 \\ 1 & 1 \end{bmatrix} \otimes \begin{bmatrix} 0 & 0 \\ 0 & 1 \end{bmatrix} \otimes \begin{bmatrix} 1 & 1 & 0 & 1 \\ 1 & 0 & 0 & 0 \\ 0 & 0 & 0 & 0 \\ 1 & 0 & 0 & 0 \end{bmatrix} \right] \tag{2.46}$$

由此可见,$\hat{\rho}_1$ 不属于纠缠态,而是正常态;$\hat{\rho}_2$ 属于完全纠缠态,而 $\hat{\rho}_3$ 属于部分纠缠态,也就是说,$\hat{\rho}_2$ 和 $\hat{\rho}_3$ 都是纠缠态,但纠缠的程度有所不同.

量子测量过程是通过测量仪器和被测量子系统相互作用实现的. 大体上,测量过程可通过如下三个步骤实现:

(1) 测量开始前,被测量子系统处于 $|\psi_s\rangle$ 的量子态,测量仪器作为量子系统看待时,它处于 $|\psi_e\rangle$ 的量子态. 由于测量前这两个量子系统之间不相互关联,它们组成的复合体的量子态 $|\psi\rangle$ 具有可分离的形式,即用 $|\psi_s\rangle$ 和 $|\psi_e\rangle$ 的张量积来表示:

$$|\psi\rangle = |\psi_s\rangle \otimes |\psi_e\rangle \tag{2.47}$$

我们要进行的测量是在被测量子系统量子态 $|\psi_s\rangle$ 上,对物理量 $\hat{A}$ 进行的,物理量 $\hat{A}$ 的本征值 a_n 和本征函数 $|\varphi_n\rangle$,满足如下的本征方程:

$$\hat{A}|\varphi_n\rangle = a_n|\varphi_n\rangle \tag{2.48}$$

在测量前,我们把被测量子系统的量子态 $|\psi_s\rangle$,用物理量 $\hat{A}$ 的本征态 $|\varphi_n\rangle$ 的线性叠加表示,即

$$|\psi_s\rangle = \sum_{i=1}^{n} c_i |\varphi_i\rangle \tag{2.49}$$

(2) 测量开始后,由于测量仪器系统与被测量子系统之间的关联作用,两个系统组成一个大的复合系统. 这个复合系统的量子态 $|\psi(t)\rangle$ 不再能表达为 $|\psi_s\rangle$ 和 $|\psi_e\rangle$ 的张量积的形式,它们已经相互纠缠为一个量子纠缠态. 若用量子密度矩阵 $\hat{\rho}_{se}(t)$ 来表示此量子纠缠态,则为如下的形式:

$$\hat{\rho}_{se}(t) = |\psi(t)\rangle\langle\psi(t)| \tag{2.50}$$

测量前被测量子系统量子态 $|\psi_s\rangle$ 中的相干叠加的相位关系,通过相互关联作用已把相干

性散布在复合系统中的全部自由度上.我们可以把相干性从被测量子系统的局域,向测量仪器——被测量子系统大复合体的扩展过程,称为相干性的去局域化的过程.由于测量仪器作为宏观客体包含有大量的自由度数,相干性在大复合系统中变得不可观察,或者说在被测量子系统中测量前所具有的相干性,已不存在.通常,称此为退相干.若把测量仪器看作被测量子系统的外部环境,则非定域的环境与被测量子系统的纠缠作用的结果,导致了被测系统相干性的消失.另外,由于环境中包含大量的不可控制的自由度数,因此,退相干一旦发生是不可逆的.通过上述的非局域化的不可逆的退相干过程,被测量子系统 $|\psi_s\rangle$ 转化为物理量 $\hat{A}$ 本征态 $|\varphi_n\rangle$ 的混合态,即

$$|\psi_s\rangle \xrightarrow{\text{转换}} \sum_{i=1}^{n} c_i |\varphi_i\rangle \tag{2.51}$$

$|c_i|^2$ 是测得系统处在本征态 $|\varphi_i\rangle$ 上的概率.

(3) 测量结束后,所得的测量结果是从物理量 $\hat{A}$ 的本征态 $|\varphi_n\rangle$ 的混合态中,以一定的概率 $|c_i|^2$ 取出其中一个,通常,把这个过程称为 $|\psi_s\rangle$ 以 $|c_i|^2$ 的概率塌缩到 $|\varphi_n\rangle$ 上.由于测量仪器与被测量子系统已建立了纠缠关系,从而当从仪器上读出某一测量值时,也在被测系统制备出一个相应本征态 $|\varphi_n\rangle$,所得到的测量值就是这个本征态的本征值 a_n.目前,量子理论对于测量结果只能给出概率性的描述,至于最后塌缩到哪个本征态上,也就是说,对于塌缩的机制,还了解较少.正像在耗散结构理论中,通过非平衡非线性动力学理论的分析,可以得到出现哪些非平衡态.至于在分叉点,系统究竟向哪个非平衡态演化,就必须考虑在分叉点处的涨落问题,才能得到明确的结论.因此,塌缩的机制,必须进一步考虑除了测量仪器与被测量子系统的复合系统以外的大环境的作用,才能明确.

综上所述,如果把测量仪器看作被测量子系统的外部环境,那么量子测量子系统就是一个开放的量子系统.量子测量理论是上述封闭系统量子理论的发展.量子测量过程具有不确定性、不可逆性和非局域性等特征.量子测量理论和技术的研究,不但推动了量子理论的发展,而且开拓出了量子通信等新技术.金融市场是一个开放的系统,量子测量的思想和方法,对于发展金融市场理论,将会产生重要作用.

2.6 海森伯不确定性关系式

若 $\hat{A}$ 和 $\hat{B}$ 分别表示一个量子体系的两个物理量的算符,两者不对易,即

$$(\hat{A}\hat{B} - \hat{B}\hat{A}) = i\hbar \tag{2.52}$$

在同一个量子态下,对 $\hat{A}$ 和 $\hat{B}$ 同时进行测量,则 $\hat{A}$ 和 $\hat{B}$ 的不确定程度 ΔA 和 ΔB 满足如下的关系式:

$$\Delta A \cdot \Delta B \geqslant \frac{1}{2}\hbar \tag{2.53}$$

例如,若 $\hat{A} = x$,$\hat{B} = \hat{p}_x$,则得到位置和动量算符的 Δx 和 Δp_x 之间所满足的关系式为

$$\Delta x \cdot \Delta p_x \geqslant \frac{1}{2}\hbar \tag{2.54}$$

目前,把式(2.53)称为海森伯不确定性关系式.量子系统与经典系统最重要的区别就是具有互补性,波粒二象性就是量子系统所具有的互补性.海森伯不确定性关系式反映了量子系统的两个非相容的可观测的物理量的属性是互补的.

在量子理论中,在量子态 $|\psi\rangle$ 上,可观测量算符的平均值,可表达为

$$\overline{\hat{G}} = \langle \psi | \hat{G} | \psi \rangle = \int \psi^* \hat{G} \psi \mathrm{d}\tau \tag{2.55}$$

为了导出海森伯不确定性关系式,设 $\hat{A}$ 和 $\hat{B}$ 为任意一对正则共轭的厄米算符,并定义:

$$\Delta A = \left[\int \psi^* (\hat{A} - \overline{\hat{A}})^2 \psi \mathrm{d}\tau \right] \tag{2.56}$$

$$\Delta B = \left[\int \psi^* (\hat{B} - \overline{\hat{B}})^2 \psi \mathrm{d}\tau \right] \tag{2.57}$$

其中

$$\overline{\hat{A}} = \int \psi^* \hat{A} \psi \mathrm{d}\tau \tag{2.58}$$

$$\overline{\hat{B}} = \int \psi^* \hat{B} \psi \mathrm{d}\tau \tag{2.59}$$

利用如下的施瓦茨不等式:

$$(\int |f|^2 \mathrm{d}\tau)(\int |g|^2 \mathrm{d}\tau) \geqslant |\int f^* g \mathrm{d}\tau|^2 \tag{2.60}$$

令

$$f = (\hat{A} - \overline{\hat{A}})\psi, \quad g = (\hat{B} - \overline{\hat{B}})\psi$$

并代入到施瓦茨不等式中,可得到

$$(\Delta A \cdot \Delta B)^2 \geqslant \overline{\left|(\hat{A}-\overline{\hat{A}})(\hat{B}-\overline{\hat{B}})\right|^2}$$

$$= \left|\overline{\hat{A}\hat{B}} - \overline{\hat{A}}\cdot\overline{\hat{B}}\right|^2$$

$$= \left|\frac{1}{2}\overline{(\hat{A}\hat{B}+\hat{B}\hat{A})} - \overline{\hat{A}}\cdot\overline{\hat{B}} + \frac{1}{2}\overline{(\hat{A}\hat{B}-\hat{B}\hat{A})}\right|^2 \quad (2.61)$$

对于两个独立而无关联的随机变量 A 和 B,存在如下平均值关系:

$$\frac{1}{2}\overline{(\hat{A}\hat{B}+\hat{B}\hat{A})} = \overline{\hat{A}}\cdot\overline{\hat{B}} \quad (2.62)$$

从而得到海森伯不确定性关系式(2.53).

传统观点认为,在海森伯不确定性关系式中的 ΔA 和 ΔB 分别表示 $\hat{A}$ 和 $\hat{B}$ 的测不准量.因此,曾把此关系式称为海森伯测不准关系式或测不准原理.正如海森伯所说:测不准关系所讨论的是在量子理论中同时测量几个不同量的精确度问题.但是,从上述的推导过程中可以看到:ΔA 和 ΔB 分别是 $\hat{A}$ 和 $\hat{B}$ 的标准差.因此,应该把它们分别理解为 $\hat{A}$ 和 $\hat{B}$ 所有可能取值集合的取值范围,海森伯关系式反映的是 $\hat{A}$ 和 $\hat{B}$ 的取值范围 ΔA 和 ΔB 之间所遵从的一种不确定性关系,而不是测不准量之间的所遵从的测不准关系.

在本书中,我们把海森伯不确定性关系式,应用到金融市场中,用以定量地表示金融市场中几类操作算符之间不确定性关系.

第 3 章

金融市场的不确定性原理

3.1 随机事件

随机试验中的每一个可能出现的试验结果称为这个试验的一个样本点,记作 ω_i,全体样本点组成的集合称为这个试验的样本空间,记作 Ω, $\Omega = \{\omega_1, \omega_2, \cdots, \omega_n, \cdots\}$.

定义 3.1 我们称试验 E 所对应的样本空间 Ω 的子集为 E 的一个随机事件,简称事件.

样本空间 Ω 的仅包含一个样本点 ω 的单点子集 $\{\omega\}$ 称为基本事件.在一次试验中,当这一子集中的一个样本点出现时,称这一事件发生.

例如:抛硬币观察其正反面出现的情况.其样本空间由两个样本点组成,即 $\Omega = \{正, 反\}$.这里,比如样本点 $\omega_1 = (正)$ 表示硬币正面向上.在抛硬币的试验中,"正面向上"是一个随机事件,可用 $E = \{正面向上\}$ 表示.

随机事件一般不是指已经发生了的事件,而是指对事件某种状态的"陈述",它可能发生,也可能不发生,事件是否最终发生,只有进行试验,并且有了可观测的结果才能知晓.概率,又称或然率,是表示事件出现的各种结果的可能性大小.

定义 3.2 (概率的古典定义)设一个事件有 N 个等可能的结果,而事件 E 恰好包含其中的 M 个结果,则事件 E 的概率,记为 $P(E)$,定义为

$$P(E) = \frac{M}{N} \tag{3.1}$$

定义 3.3 (概率的公理化定义)设 E 是随机试验,Ω 是它的样本空间.对于 E 的每一事件 A 赋予一个实数,记为 $P(A)$,称为事件 A 的概率.这里 $P(A)$ 是一个集合函数,$P(A)$ 要满足下列条件:

(1) 非负性,即 $P(A)$ 非负.

(2) 规范性,即对于必然事件 S 有 $P(S)=1$.

(3) 可列可加性,即互不相容事件的并集的概率为各事件概率之和.

从观测的角度来说,概率是指在一个样本空间内某事件发生的可能性的度量.一般来说,概率空间由三个参数 Ω, F, P 所决定.其中:

(1) Ω 为样本空间,是所有可能出现的结果的集合.

(2) F 为事件空间,是事件的集合,事件是样本空间的子集,基本事件是样本空间的元素.

(3) P 为概率函数,该函数 $P: F \to [0,1]$ 将事件空间里的每一个事件映射到从 0 到 1 的实数.

定义 3.4 设 E 为离散型随机变量,其所有可能取值为 $\{e_1, e_2, \cdots\}$,则

$$p_i = P(E = e_i), \quad i = 1, 2, \cdots \tag{3.2}$$

称为 E 的概率函数,并满足

$$\sum_i p_i = 1, \quad p_i \geqslant 0 \tag{3.3}$$

上式说明一个随机事件在观测前有许多可能的结果,我们不能预知事件会产生哪个结果,观测后取值确定了,我们也就确定地知道了事件的结果.换句话说,一个事件在试验前有许多可能的结果,最终出现哪一个结果具有一定的随机性,即有一定的概率.

定义 3.5 若事件 $E_1, E_2, \cdots$ 构成一个完备事件组,即它们两两不相容且都有正概率,则对任一事件 A,有

$$P(A) = \sum_{i=1}^{n} P(E_i)P(A \mid E_i) \tag{3.4}$$

此公式称为全概率公式. 可以这样解释全概率公式, 第 i 个事件 E_i 将导致事件 A 发生是一种可能性, 即一条可能"路径", 如果有 n 个事件 E_i 将有 n 个不同路径导致事件 A 发生, 对每条路径来说, 事件 A 发生的概率 $P(A|E_i)$ 各不相同, 所以事件 A 发生的概率应是所有 $P(A|E_i)$ 以 $P(E_i)$ 为权的加权平均值.

定义 3.6 基于全概率公式, 有

$$P(E_i \mid A) = \frac{P(E_i)P(A \mid E_i)}{\sum_{i=1}^{n} P(E_i)P(A \mid E_i)} \tag{3.5}$$

此公式称为贝叶斯公式. 贝叶斯公式可以理解为根据已发生事件的结果去寻找事件发生的原因, 即从得到的数据倒推回去寻找问题的答案.

如果把已发生的事件 A 看作结果, 把事件组合 $\{E_i\}$ 看作导致事件 A 发生的各种不同的原因, 那么全概率公式可理解为从原因推出结果, 而贝叶斯公式则相反, 是从结果找到原因.

对于大量的试验结果, 平均值和分散度是两个重要的特征参量描述随机变量的性质. 在数学上, 我们用数学期望和方差来描述试验结果的平均值和分散度.

定义 3.7 设随机变量 X 有 N 个可能取值 $a_1, a_2, \cdots, a_N$, 其概率分布为

$$P(X = a_i) = p_i, \quad i = 1, 2, \cdots, N \tag{3.6}$$

则 X 的数学期望, 记为 $E(X)$, 定义为

$$E(X) = \sum_{i=1}^{N} a_i p_i \tag{3.7}$$

定义 3.8 设 X 为随机变量, 概率分布函数为 F, 则

$$D(X) = E(X^2) - (EX)^2 \tag{3.8}$$

$D(X)$ 称为 X 的方差, 其平方根 $\sqrt{D(X)}$ 称为 X 的标准差.

对于正态分布 $N(\mu, \sigma^2)$, σ^2 即为正态分布的方差, 所以正态分布完全可由其均值 μ 和方差 σ^2 两个参量决定.

3.2 不确定性原理的定量表示

一个事件发生的不确定性,即出现各种结果的可能性通常由概率来表示.我们要问的问题是:"事件概率性表示的本质是什么?"

我们生活在一个充满不确定性的世界中.这个世界的一端是完全理性的、确定的、有序的世界,另一端是完全非理性的、随机的、无序的世界,在这两个极端之间的是有限理性的、不确定的、复杂的真实世界.现实生活中可观测的事件存在于两个表象:在先验表象中作为一系列可能发生的不确定的结果存在,在后验表象中表现为一个已经发生的确定的结果.观测的最后一瞬间,例如掷硬币的最后一掷,事件从先验表象转换到后验表象,完成了从不确定性状态到确定性状态的转换.一个未被观测的事件是没有任何价值的,没有最后完成的观测就没有确定的结果.比如,你如果不去掷一枚硬币,不可能知道硬币哪个面向上.有两个主要原因造成观测结果的不确定性,首先,当我们观测一个事件,在观测前并不能确定知道哪个结果会出现,只有在观测后某个确定的结果才会出现.在外界环境影响下,最后出现的结果是不确定的,观测过程会改变被观测事件发生的结果,我们对自然的认知因我们的认知而改变;其次,观测的不可逆性打破了过去和未来的对称,观测之后结果就不能被改变,只能做下一个观测,过去的观测结果不能用来预测未来可能出现的结果,过去不代表未来.

根据当前信息 $I[t]$,观察者(P)观测(O)一个事件(E)得到某个结果(e_i)的过程可表示如下:

$$E_P^{I[t]} \xrightarrow{\text{观测}(O)} e_i \in \{e_1, e_2, \cdots, e_N\} \quad (3.9)$$

我们认为正是对事件"观测"的这个过程改变了事件出现的结果,这里我们引入观测算符 $\hat{O}$ 描述事件从不确定状态到确定状态的线性变换:

$$\hat{O}|E\rangle = O_i |e_i\rangle \quad (3.10)$$

其中 $|E\rangle$ 表示观测前事件的不确定状态;$|e_i\rangle$ 表示观测后事件的一个确定的状态,相应地,$|e_i\rangle$ 是观测算符 $\hat{O}$ 的本征态,O_i 是本征值;$|O_i|^2$ 表示观测事件出现第 i 个结果 O_i 的概率,即

$$p_i = P(E = e_i)(i = 1,2,\cdots) = |O_i|^2 \tag{3.11}$$

它满足归一化条件:

$$\sum_i p_i = 1 \tag{3.12}$$

观测前事件的状态通过态叠加原理可以用所有本征态的叠加表示:

$$|E\rangle = \sum_i O_i |e_i\rangle \tag{3.13}$$

态叠加原理表明观测前事件处于不确定的状态,观测后事件的状态"塌缩"到一个确定的结果,并且出现第 i 个结果的概率是 $p_i = P(E = e_i)(i = 1,2,\cdots) = |O_i|^2$.

态叠加必然导致观测结果的不确定性,假如我们研究两个态的叠加:

$$|态\rangle = c_1 |态1\rangle + c_2 |态2\rangle$$

$|态1\rangle$ 和 $|态2\rangle$ 是系统的两个可能状态. 现在我们进行观测,当我们观测处于 $|态1\rangle$ 的系统得到确定的结果 c_1,观测处于 $|态2\rangle$ 的系统得到确定的结果 c_2,那么如果我们观测处于 $|态1\rangle$ 和 $|态2\rangle$ 两个叠加态的系统将会得到什么结果? 见证奇迹发生的答案是: 有时候我们观测到的结果是 c_1,有时候结果是 c_2,系统处于叠加态下的观测结果是不确定的,由叠加过程中 $|态1\rangle$ 和 $|态2\rangle$ 的相对权重所决定的概率而定,比如观测到结果 c_1 的概率是 $|c_1|^2$.

就像物质之间的相互作用需要能量交换,人与人之间的相互作用需要信息交换,正是输入的信息使人们从众多可能性中进行选择. 信息是人们对世界的某种了解和认知,信息减少人们决策的不确定性. 费曼的老师惠勒说过:"物质存在产生于信息." 意思是说信息是一切的本源,先有观测,得到信息,再有结果. 贝叶斯法则表明当面临不确定性的决策时,人们会根据新的信息不断修正"先验概率"得到"后验概率",完成事件从先验表象到后验表象的转换,事件最后产生的结果受到了信息的影响. 如果信息是不完全的,并且时间的不可逆破坏了过去和未来的对称性,那么就一定会导致事件发生的不确定性. 事件出现不确定结果的概率解释正是我们对事件的状态缺乏信息的反映,正如香农所指出的:"信息是能够用来消除不确定性的东西."

假设事件 E 共有 N 个可能出现的结果 $\{e_1, e_2, \cdots, e_N\}$,式(3.11)表示事件 E 出现第 i 个结果的概率 $p_i = |O_i|^2$,我们用香农信息熵表示事件 E 的不确定性:

$$S_E = -\sum_i p_i \log_2 p_i \tag{3.14}$$

考虑下面三种情况：

（1）事件出现每个可能的结果的概率都相等，$p_i = 1/N$，得到 $S_E = \log_2 N$，事件信息熵最大，这就是完全随机、无序的世界，没有任何规律可遵循.

（2）事件总是确定地出现同一个结果，$p_i = 1$，其他的概率为零，得到 $S_E = 0$，事件信息熵最小，这就是完全确定、有序的世界，产生的结果一定有一个原因.

（3）事件出现每个可能的结果的概率 p_i 不确定，$0 < S_E < \log_2 N$，事件信息熵介于最大信息熵和最小信息熵之间，这就是介于完全随机与完全确定两个极端世界之间的我们生活的真实世界，一个不确定的世界.

综上所述，真实世界具有内在的不确定性，世界是一个客观的实在，它由人们的观测所描述，同时世界又有一个主观的抽象，这就是我们需要观测的东西. 从表面上看，我们所观测的结果是独立的客观实在，但实际上存在某种神秘的力量导致观测过程的不确定性，因为观测本身会干扰被观测对象的状态，所以这种不确定性是不可能通过任何系统的方法消除的，因此我们不能给出事件发生过程的一个确定的描述. 事件状态是所有可能结果的态叠加描述必然导致观测事件时出现不确定性的结果. 我们用所有可能发生的结果的线性叠加描述事件的不确定性状态，用观测算符 $\hat{O}$ 对事件的线性变换描述事件发生的过程，香农的信息熵给出事件发生过程的不确定性的定量表示.

我们认为信息能是事件出现不确定性结果的本质.

在自然科学研究中，看得见的客观实在物质和看不见的抽象的能量是两个最基本的要素，物质和能量通过爱因斯坦著名的质能公式 $E = mc^2$ 相互转化；在社会科学中，看得见的客观实在数据和看不见的抽象的信息是两个最基本的要素，数据可以转换成信息类比于物质转换成能量；同样类比于物理学中的动量，我们可以定义知识是学习数据的快慢的惯性. 我们认为数据和信息可以通过下面的公式相互转化：

$$E_I = sv^n \tag{3.15}$$

其中 E_I 表示信息能；s 表示数据的大小；n 表示信息因子，$2 \leqslant n \leqslant N$；$v$ 表示数据传播速度.

$$K = sv \tag{3.16}$$

其中 K 表示知识.

柯文尼在《时间之箭》一书中写道：

> 能量和辐射频率之间的这一简单的"普朗克关系"（$E = \hbar\omega$），实际上说明能量和频率是同一种东西，只不过是用不同的单位来表示罢了.

做此类比，我们认为信息能量与不确定性波动是同一种东西，可用信息熵 S_E 表示如下：

$$E_I = cS_E = c \times \left(-\sum_i p_i \log_2 p_i\right) \tag{3.17}$$

其中，c 为常数，$p_i = P(E = e_i)(i = 1, 2, \cdots) = |O_i|^2$.

这个关系式表明事件提供的信息能量与事件的信息熵 S_E 成正比，不确定性越大即波动越大，则信息能量越大，并且信息能量是离散的，信息能量不以一种连续的方式被吸收或者传播出去，而只能在对事件观测时发生"塌缩"瞬间，按照事件发生的不同结果而改变.

事件出现不同的可观测结果的过程遵循下面两个不确定性定理.

定理 3.1 信息不确定性定理：

$$\Delta t \cdot \Delta I \geqslant c \tag{3.18}$$

其中，t 为时间，I 为信息，c 为市场常数.

当 $\Delta t \to 0$ 有 $\Delta I \to \infty$，表明观测初期，信息的不确定性非常大；当 $\Delta t \to \infty$ 有 $\Delta I \to 0$，表明经过长时间观测后，信息的不确定性减小. 正如同贝叶斯牧师的规则：人们通过决策初期不完全信息得到模糊的预判即"先验概率"之后通过新的信息修正"先验概率"，理论上 $\Delta t \to \infty$ 时，信息的不确定性完全消除，人们通过不断获得的新的信息得到一个比较确定的最后决策，即"后验概率".

定理 3.2 观测不确定性定理：

$$\Delta N \cdot \Delta O \geqslant c \tag{3.19}$$

其中，N 表示观测次数，O 表示观测结果，c 为常数.

当 $\Delta N \to 0$ 有 $\Delta O \to \infty$，表明当观测次数较少时，观测结果的不确定性很大.

当 $\Delta N \to \infty$ 有 $\Delta O \to 0$，表明当观测次数很多时，观测结果的不确定性趋于减少，并最终趋于一个平均值，也就是达尔文的表兄高尔顿最早提出的平均值回归现象，如图 3.1 所示. 如果事件出现不同结果是完全随机的，则统计分布是正态分布；如果结果不是完全随机的，那么统计分布不一定是正态分布. 比如金融市场中的幂律分布，具有"尖峰后尾"特征.

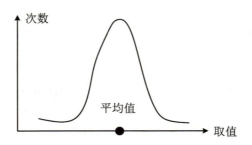

图3.1 平均值回归

例3.1 掷硬币问题.

掷硬币事件有两个可观测的结果:正面向上或者正面向下,我们用+1表示硬币正面向上,-1表示正面向下.掷硬币事件可表示为

$$E_P^{[i]} \xrightarrow{\text{观测（掷硬币）}} e_i \in \{+1, -1\}$$

掷硬币前可观测的结果是不确定的,处于两个可能结果的叠加态:

$$|E\rangle = 1/\sqrt{2}\,|+1\rangle + 1/\sqrt{2}\,|-1\rangle$$

掷硬币后再观测结果是确定的,硬币或者正面向上或者正面向下,正面向上或者正面向下的概率都是50%,完全随机.掷硬币事件的信息熵为

$$S_E = -\frac{1}{2}\log_2 \frac{1}{2} - \frac{1}{2}\log_2 \frac{1}{2} = 1$$

掷硬币信息熵等于最大信息熵,掷硬币事件是一个完全随机事件,服从正态分布,根据观测不确定性原理 $\Delta N \cdot \Delta O \geqslant c$,当 $\Delta N \to \infty$ 有 $\Delta O \to 0$,即掷硬币次数很大时会趋于一个平均值,如果我们假设掷硬币得到正面向上的值为1,得到正面向下的值为-1.那么掷硬币的平均值将为0,即数学期望为零.

掷硬币事件的信息能为

$$E_I = cS_E = c$$

掷硬币事件的信息能是一个常数,即掷硬币事件的信息能是"守恒"的,是一个"客观"过程,可由"客观概率"描述.

例3.2 阿瑟的埃尔法罗酒吧问题.

假设总共有100人,每个周四大家都要决定,是去附近的一个酒吧看爱尔兰音乐演出还是待在家里.该酒吧的座位是有限的,假设座位总共只有60个.进一步假定参与者之间不存在信息交流.每个参与者根据历史数据对将要去酒吧的人数进行预测而决定是否去酒吧.如果预测去酒吧的人数超过 60 人,他将做出"不去酒吧"的决定,如果预测不超过 60 人,他将做出"去酒吧"的决定.

每个参与者或决策者面临的信息只是以前去酒吧的人数,每个参与者只能根据以前去的人数的信息通过"归纳"得出一个规律.根据这个规律,参与者预测下次去酒吧的人数,从而决定自己是去还是不去.

每个参与者要做出准确的预测,需要知道其他参与者是如何做出预测的.但是参与者之间不能交流,每个人掌握的信息只有以前去酒吧的人数的历史数据,每个参与者不知道别人如何做出预测的信息.因此,所谓"准确"预测是不可能的.

可以看到酒吧只有两个状态:拥挤状态(顾客数多于座位数)和不拥挤状态(顾客数少于座位数),这里假设酒吧的拥挤状态为 +1,不拥挤状态为 -1.

基于 t 时刻的历史数据 $I[t]$,去酒吧事件可表示为

$$E_P^{I[t]} \xrightarrow{观测(去酒吧)} e_i \in \{+1, -1\}$$

观测前酒吧的状态是不确定的,可表示为两个可能结果(拥挤或不拥挤状态)的叠加态:

$$|E\rangle = O_1|+1\rangle + O_2|-1\rangle$$

观测后,由于观测算符 $\hat{O}$ 的作用,酒吧的状态"塌缩"到一个确定的状态:
$\hat{O}|E\rangle = O_i|e_i\rangle, e_i \in \{+1, -1\}$

酒吧处于拥挤或不拥挤状态的概率可表示为

$$p_i = P(E = e_i)(i = 1, 2) = |O_i|^2, \quad p_1 + p_2 = 1$$

事件信息熵为

$$S_E = -\sum_i p_i \log_2 p_i = -(p_1 \log_2 p_1 + p_2 \log_2 p_2)$$

事件信息熵介于最大信息熵和最小信息熵之间,即 $0 < S_E < 1$,不确定的信息熵说明,对于酒吧问题不可能找到一个正确的期望模型,不管决策者是理性的还是非理性的,去酒吧决策问题本质上具有不确定性.最有可能的情况是,去酒吧事件是一个布朗运动,完全随机,则 $S_E = 1$;也有可能,此酒吧特别受欢迎,场场爆满,则 $S_E = 0$,是一个完全确定的事件.

根据观测不确定性原理 $\Delta N \cdot \Delta O \geq c$,当 $\Delta N \to \infty$ 有 $\Delta O \to 0$,即观测次数很大时会趋于一个平均值,也就是阿瑟得出的结果:"平均去酒吧的人数总是趋于 60."最终酒吧处

于拥挤或不拥挤状态的数学期望为零,即趋于刚刚好的状态(正好有 60 个人).

去酒吧事件的信息能为

$$E_I = cS_E = c \times \left(-\sum_i p_i \log_2 p_i\right) = -c \times (p_1 \log_2 p_1 + p_2 \log_2 p_2)$$

去酒吧事件的信息能是不确定的,即去酒吧事件的信息能是"不守恒"的,是一个"主观"过程,由"主观概率"描述.

3.3　市场参与者决策过程的不确定性原理

金融市场中的三要素——市场参与者、证券及资本之间的相互作用,如图 3.2 所示.市场参与者用资本进行证券的买卖交易,资本通过证券这个中介进行交换,同时证券存储资本的财富.交易规则约束市场参与者的交易行为并且监管市场的运作.

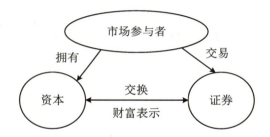

图 3.2　金融市场三要素

巴舍利耶的市场随机漫步理论类似于完全随机的掷硬币过程,市场参与者完全随机地选择"买"或"卖"交易操作,交易的平均值或者说期望值将为零,统计分布服从正态分布.我们知道人的大脑的决策过程是一个非常复杂的"路径"选择过程,外部环境的信息和人的意识的主观能动性都会使人做出不同的决策,有人的意识参与的决策过程完全不同于掷硬币这种可以用客观概率描述的完全随机过程.

卡内曼和特沃斯基在《不确定性的判断:启发法和偏见》一文的开篇写道:

我们所做的许多决策都是基于对不确定事件概率的信念,这些不确定事件包括选举、被告的内疚感或是美元的未来价值.这些信念通常被表述为"我想……""概率是……""它是不可能的……"等.对于不肯定事件的信念有时还能以概率或主观概率等数字形式表现出来.那么,是什么决定了人们的信念?人们又是怎样评估不确定事件的概率和不确定数量的价值的呢?

根据当前信息 $I[t]$,市场参与者(P)利用所拥有的资本(C)对某个证券(S_i)进行"买卖"交易操作(a)的市场过程为

$$P_C^{I[t]} \xrightarrow{a(交易)} S_i \in \{S_1, S_2, \cdots, S_N\} \tag{3.20}$$

关于市场交易过程,我们需要问的问题是:

(1) 是什么决定了市场参与者的决策选择?

(2) 市场参与者又是怎样评估收益或者损失的概率的?

市场参与者的交易过程是一个预测—决策的过程:市场参与者根据过去的经验提供的先验概率对未来的期望做出预测,而当前新的信息的输入及观测的结果会更新先验概率,新的概率反过来指导接下来的预测,即周而复始进行预测—决策这个循环交易过程.总而言之,市场过程是一个对未来做预测,在当下做决策,并且受到过去影响的循环过程.信息是预测与决策的根本.

我们必须强调需要特别关注市场中可观测的事件,而对事件的测量会影响事件产生不同的结果.我们认为市场交易过程是一种"测量"过程,而"测量"必然伴随着对"测量"对象的某种干扰.当伴随"测量"的干扰可以忽略,不会改变"测量"对象的状态时,我们说"测量"对象的状态是确定的,比如"测量"人的身高的尺子不会改变人的身高.而当"测量"的干扰不可以忽略,"测量"本身会改变测量对象的状态时,我们说"测量"对象的状态是不确定的,正如海森伯所说:"不确定性起源于测量对被测量的事件的影响."什漠说过:"人是自相矛盾的堆砌物."由于输入信息的不同,市场参与者对相同信息的理解不同,都可能改变市场参与者的"买卖"决策状态.因此,市场参与者决策的不确定性是内在的、必然的,不是外在的、偶然随机的,这种不确定性是不可能通过任何系统的方法消除的.

市场参与者的决策选择"路径"有三个:+1 表示买,+0 表示观望,-1 表示卖,根据当前信息 $I[t]$,市场参与者基于交易策略(R)选择(S)某个"路径"(e_i)的过程可表示如下:

$$E_R^{I[t]} \xrightarrow{S(决策选择)} e_i \in \{+1, 0, -1\} \tag{3.21}$$

我们引入选择算符 $\hat{S}$ 表示市场参与者的决策过程:

$$\hat{S}|D\rangle = S_i|e_i\rangle \tag{3.22}$$

其中,$|D\rangle$表示决策前市场参与者不确定的决策状态;$|e_i\rangle$表示决策后市场参与者确定的决策状态.

$$p_i = P(S = e_i)(i = 1,2,3) = |S_i|^2$$

满足归一化条件:

$$\sum_i p_i = 1$$

在外界环境的输入信息影响下,选择算符$\hat{S}$作用于市场参与者大脑中的"价值尺度"使其在交易瞬间从不确定的决策状态$|D\rangle$转换到一个确定的决策路径$|e_i\rangle$上,p_i($i=1,2,3$)表示市场参与者选择相应的"买、卖、观望"交易操作的概率.

由于市场参与者的交易选择操作为:买、卖、观望.相当于角动量$J=1$的"自旋"系统.类似于电子的自旋可用泡利自旋算符表示,我们可用下面的矩阵算符表示市场参与者的"自旋"选择算符$\hat{S}$:

$$\hat{S} = \begin{bmatrix} 1 & 0 & 0 \\ 0 & 0 & 0 \\ 0 & 0 & -1 \end{bmatrix} \tag{3.23}$$

三个本征态为

$$|+1\rangle = \begin{bmatrix} 1 \\ 0 \\ 0 \end{bmatrix}, \quad |0\rangle = \begin{bmatrix} 0 \\ 1 \\ 0 \end{bmatrix}, \quad |-1\rangle = \begin{bmatrix} 0 \\ 0 \\ -1 \end{bmatrix} \tag{3.24}$$

根据态叠加原理,市场参与者的决策状态可由所有可选择的"路径"叠加而成:

$$|D\rangle = \sum_i S_i|e_i\rangle \tag{3.25}$$

将市场参与者的决策状态$|D\rangle$由本征态展开,得

$$|D\rangle = S_1|+1\rangle + S_2|0\rangle + S_3|-1\rangle$$

式(3.22)表明当我们观测市场参与者的决策状态(执行一个交易),即用选择算符$\hat{S}$作用于决策态$|D\rangle$.由式(3.25),$|D\rangle$是一个叠加态,因此观测到的结果是不确定的,市场参与者选择第i个决策"路径"的概率是$p_i = |S_i|^2$.

决策的叠加态表示说明决策选择的不确定性,即人的思维的非连续性和跳跃性,人的意识能以一定的概率同时存在于不同的状态,即多个可能决策"路径"的叠加态.意识状态处于叠加态,表示人的思维决策是"并行"计算的,人的大脑像一台量子计算机可以同时处理多个任务.当大脑没有做决策时,意识将处于多个决策"路径"的叠加之中,而不是常识告诉我们的处于某个确定的状态;当大脑做决策时,根据输入信息,大脑选择一个确定的"路径",决策态"塌缩"到了一个确定的"路径",完成了一个决策选择过程.

假设市场参与者的决策有 N 个可能的"路径" $\{e_1, e_2, \cdots, e_N\}$,$p_i = |S_i|^2$ 表示选择算符 $\hat{S}$ 选择第 i 个"路径"的概率,市场参与者决策的不确定性由香农信息熵 S_D 给出:

$$S_D = -\sum_i p_i \log_2 p_i \tag{3.26}$$

对于证券的交易,可供市场参与者选择的决策"路径"有三个:买、卖、观望.现在当我们观测市场参与者的决策"路径"选择时会得到不确定的结果,受环境输入信息的影响,有时市场参与者会选择"买"操作,有时会选择"卖"操作,或者干脆"观望"不进行任何交易操作.考虑下面三种情况:

(1) $p_1 = p_2 = p_3 = 1/3$,此时决策信息熵最大,$S_D = 1.59$,完全随机.如果所有市场参与者完全独立地在输入信息下随机地选择交易操作,必然给出巴舍利耶描述的基于布朗运动的随机漫步市场模型.

(2) $p_1 | p_2 | p_3 = 1$,选择某一个决策"路径"的概率为1,选择其他两个的概率为0,此时决策信息熵最小,$S_D = 0$,完全确定.市场参与者完全确定地选择一个交易操作,一种可能的解释是在完全垄断下市场参与者知道应该买还是卖,另一种解释是市场参与者知道"内部信息",所以确定地知道买还是卖.

(3) $p_1 | p_2 | p_3 < 1$,此时决策信息熵不确定,$0 < S_D < 1.59$.在不完全及不对称信息下,市场参与者不确定地选择某一个交易操作,这就是我们生活中的真实的不确定的市场,既不是完全随机的,也不是完全确定的.

市场参与者交易决策的信息能为

$$E_I = cS_D = c \times \left(-\sum_i p_i \log_2 p_i\right) = -c \times (p_1 \log_2 p_1 + p_2 \log_2 p_2 + p_3 \log_2 p_3)$$

其中,c 为常数项,$p_i = P(S = e_i)(i = 1, 2, 3) = |S_i|^2$ 表示市场参与者选择相应的"买|观望|卖"交易操作的概率.市场参与者交易决策的信息能是不确定的,即信息能是"不守恒"的,是一个"主观"过程,由"主观概率"描述.

市场参与者决策信息熵的金融意义是真实世界中的市场的内在不确定性,所有市场参与者的决策不确定性必然导致市场按照自己内在的不确定性运行,市场在做"量子漫步".上帝在掷骰子,市场总是"正确"的,没有人能够完全精确地预测市场波动.

3.4 证券价值的不确定性原理

价值理论及价格理论是一切经济金融活动的基础和核心,布劳格在《经济理论的回顾》一书中对亚当·斯密的价值理论做出如下评论:

> 斯密在《国富论》试图回答两个关于价值的关键问题:一是价值是由什么决定的?二是价值的衡量尺度是什么?斯密写道:"为了探讨支配商品交换价值的原则,我将努力阐明以下三点:第一,什么是交换价值的真实尺度?换言之,构成一切商品真实价格的究竟是什么?第二,构成真实价格的各部分究竟是什么?第三,什么情况使上述价格的某些部分或全部,有时高于其自然价格或普遍价格,有时又低于其自然价格或普遍价格?换言之,使商品市场价格或实际价格有时不能与其自然价格相一致的原因何在?"

客观的劳动价值论与主观的边际效用价值论争论至今,也始终没有得出一个确定的结论.配第在《赋税论》一书中最早提出劳动价值理论,他写道:"所有的东西都应该由土地和劳动这两种自然单位来衡量其价值……土地是财富之母,劳动是财富之父."之后劳动价值理论经亚当·斯密、李嘉图的发展,特别是马克思在李嘉图理论的基础上提出了完整的劳动价值理论.边际效用价值理论始于杰文斯、门格尔、瓦尔拉斯的边际革命,马歇尔在此基础上提出了局部均衡价格理论体系.劳动价值理论与边际效用价值理论争论的中心是价值尺度的问题,即如何衡量价值.劳动价值论用人类生产商品消耗的劳动来度量价值,边际效用价值论用人类对商品的满足程度即"效用"来度量价值.前者从生产、交换、分配即供给侧角度研究价值,后者从消费即需求端视角研究价值.不同的价值理论更像"瞎子摸象"里的盲人们从各自不同的片面视角看问题,没有抓住事物整体的本质.劳动价值论把价值和价格分开,抽象劳动决定价值,但这只是一个统计平均上的价格估计,并没有解决具体个别商品的价值问题.边际效用价值论清楚地知道个人的偏好及需求的满足度是根本无法量化的,更无法实现价值到价格的转换,所以边际效用价值论干脆就认为价值就是价格.

市场参与者对未来价格的"预期"其实就是在大脑中的"价值尺度"映射下的一个结果,主观"预期"的形成是一个复杂的、不确定的过程.价值是一个抽象的概念,价格是价值的具体的可观测的表示.客观劳动价值论和主观边际效用价值论都没有很好地解决抽象的价值如何转换到具体的可观测的价格表示这一关键问题.

标准金融理论基于理性预期模型描述价值到价格的转换.1961 年,穆斯在《理性预期与价格运动理论》一文中提出了理性预期模型,用数学公式表示如下:

$$p_{t+1} = E(p_t | I_t) \tag{3.27}$$

其中 $E(p_t|I_t)$ 表示基于 t 时刻价格及信息的数学期望,p_{t+1} 表示下一期 $t+1$ 时刻"预期"价格,p_t 表示当前价格,I_t 表示当前市场参与者掌握的所有信息.

在理性预期模型中,过去的价格反映了信息,市场参与者可以利用这一信息预测未来的价格,即对未来做"预期".在 t 时刻,市场参与者利用当前的价格和其他输入信息对未来下一期价格做一个"预期".可以把"预期"抽象成客观的市场价格在人的大脑中的一个主观"映射",而人的大脑中某种抽象的、神秘的"价值尺度"衡量"预期"价格后做出相应的"买"或"卖"的交易决策.正如法玛在其关于有效市场假说的博士论文中所说:"在有效的市场中,竞争会使新信息对内在价值的全部影响在实际价格中'瞬间'反映出来."

理性预期模型假设抽象的价值就是可观测的具体的价格,这必将导致瓦尔拉斯在论证一般均衡是否存在时遇到的确定性难题.布劳格在《经济理论的回顾》一书中写道:

> 瓦尔拉斯对确定性问题解答是"摸索"理论.这个市场被看作摸索的结果,即通过试错的过程盲目地探索,它无法依靠预先知道方程解值的任何人……在其交换理论中,他假定商品通过拍卖出售:按"人为价格进行的交易"被认为是"悬而未决的",一直到"新的价格被尝试",满足买者和卖者的均衡价格被发现时实际交换才发生.瓦尔拉斯的摸索过程要求一个假想的"拍卖者",根据在任何市场上价格必定与该市场上需求的过剩数量同方向变化的原则,他宣布价格变化,只允许进行均衡价格达到时最后的交易.

我们要问的问题是:抽象价值到具体价格转换的本质是什么?

市场价格与价值的偏离取决于市场参与者对未来的预期,市场参与者对未来价格的"预期"其实就是在大脑中的"价值尺度"映射下的一个结果,而信息是预期的本质源泉.资本以证券为中介在市场中进行交换,资本交换的本质是信息.凡勃伦在《资本的本质》

中写道:"知识的增长构成财富的主要来源."我们认为:资本是财富之母,信息是财富之父.价值的本质既不是劳动也不是效用,价值的本质是信息.所有市场参与者在外部环境的信息影响下做出买卖的交易决策,信息的不完全及不对称导致了证券价值的不确定,我们认为价值不是对应一个确定的价格而是对应一组不确定的价格,只是在交易瞬间才转换到一个确定的价格上,如图 3.3 所示.

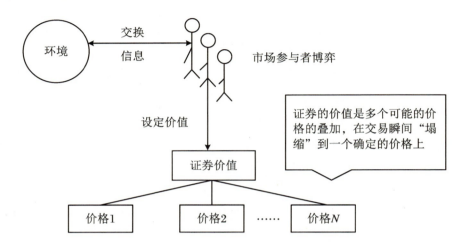

图 3.3　证券价值的不确定性

根据当前信息 $I[t]$,交易操作(a)使期望价值(EV)"塌缩"(c)到某个市场价格(p_i)的过程可表示如下:

$$a_{EV}^{I[t]} \xrightarrow{c(\text{转换})} p_i \in \{p_1, p_2, \cdots, p_N\} \tag{3.28}$$

当我们观测证券的价值,会有多种可能的市场价格,这有点类似竞拍活动,拍卖师报出一组价格,竞拍者相互博弈在某个价格上达成交易.抽象的价值是多个可能的价格的叠加,必将导致证券价格波动,即证券价值是不确定的.我们引入证券价值期望算符 $\hat{E}$ 描述价值到价格的转换过程,期望算符 $\hat{E}$ 可以认为是所有市场参与者博弈过程形成的"市场力","市场力"可以理解为亚当·斯密的"看不见的手",即支配市场的力量,最终设定证券的市场价格.在交易瞬间,期望算符 $\hat{E}$ 作用于不确定的证券价值状态使其转换到一个确定的价格状态,式(3.29)给出了证券的价格方程.

$$\hat{E}|V\rangle = E_i|s_i\rangle \tag{3.29}$$

其中,$|V\rangle$ 表示观测前证券价值的不确定的状态;E_i 表示第 i 个可观测的市场价格,也是

价值的"期望"价格；$|s_i\rangle$ 表示观测后证券的确定的市场价格状态.

根据态叠加原理,证券的价值状态可由所有可观测的市场价格状态叠加而成：

$$|V\rangle = \sum_i E_i |s_i\rangle \qquad (3.30)$$

$$p_i = P(V = s_i)(i = 1,2,\cdots) = |E_i|^2 \qquad (3.31)$$

其中,p_i 表示证券在第 i 个市场价格成交的概率,满足归一化条件：

$$\sum_i p_i = 1$$

亚当·斯密关于价格波动的困惑是："使商品市场价格或实际价格有时不能与其自然价格相一致的原因何在?"价值不确定性定理回答了亚当·斯密关于价格波动的困惑,同时价值的态叠加原理说明市场是离散的,上帝不仅在掷骰子,而且市场还能跳跃,没有什么"圣杯"能够准确预测证券的价值.

价值的本质是信息,由定理1.2可以推出价值的不确定性引理.

引理 3.1 价值不确定性引理.

$$\Delta t \cdot \Delta V \geqslant c \qquad (3.32)$$

其中,t 为时间,V 为价值,c 为市场常数.

由于价值是价格的叠加,当我们观测价值时,观测到的市场价格是不确定的,价格围绕价值波动,如图3.4所示.价值的不确定性是内在的、必然的,不是外生的、偶然的.

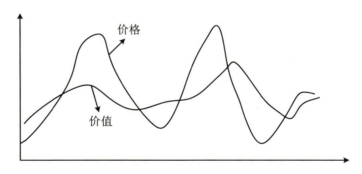

图3.4 价格围绕价值波动

当 $\Delta t \to 0$ 时,有 $\Delta V \to \infty$,表明短期市场价格围绕价值剧烈波动,理论上可以利用短期价格的剧烈波动,通过"配对"两股票（相关或负相关）进行高频交易可实现无风险套利.

当 $\Delta t \to \infty$ 时,有 $\Delta V \to 0$,信息消除不确定性,$\Delta t \to \infty$ 时所有的信息都将变为完全的

信息,价值的不确定性趋于零,即市场价格不再波动,价格趋于价值,平均值回归.

短期市场波动剧烈,不可预测,长期市场波动趋于零,长期可预测.

价值的不确定性即市场价格的波动可由信息熵度量:

$$S_V = -\sum_i p_i \log_2 p_i \tag{3.33}$$

其中 S_V 表示价值的信息熵;p_i 表示价值转换或"塌缩"到第 i 个市场价格的概率.

标准金融理论基于马科维茨的均值方差模型表示证券价格的波动,即用证券价格变动比例的标准差反映证券价格的发散程度.但因为我们不能准确得到证券未来的波动率,这个标准差反映的只是证券价格基于历史数据的一个统计平均波动,并没有反映证券价值的不确定性,实际上标准差反映的是一个统计平均意义上对风险的评估.

价值信息熵反映的是证券价值的不确定性,即证券价格真实的波动,我们认为价格波动应该由价值的信息熵而不是标准差来度量.真实市场中的股票波动率不能用过去的历史价格的波动率替代,因为未来不是过去的简单重复.布莱克-斯科尔斯期权定价方程给出的期权的价格是不正确的,布莱克-斯科尔斯期权定价方程的解依赖于标的股票的波动率,对于标的股票的波动率,布莱克-斯科尔斯期权定价方程用了两个错误的假设.假设1:标的股票的波动率是常数,不随时间变化;假设2:过去的波动率能够代表未来的波动率.价值信息熵的不确定性告诉我们,由于受环境信息的影响,股票的价格波动不是恒定不变的常数而是不断动态变化的,股票价格是内在不确定的,过去的价格波动不能代表未来.如果市场是服从正态分布的随机漫步的市场,那么布莱克-斯科尔斯期权定价方程近似成立,但我们知道市场随时可能跳跃,一只悄然而至的黑天鹅就会摧毁整个市场.这就不难理解由布莱克、斯科尔斯、默顿成立的美国长期资本管理公司在 1999 年遇到了一只从俄罗斯飞来的"黑天鹅",它不但导致了美国长期资本管理公司的破产,而且几乎摧毁了整个美国的金融体系.

考虑价值信息熵的三种情况:

(1) 价值转换为任一个可观测的市场价格的概率相等,$p_i = 1/N$,得到 $S_V = \log_2 N$,价值信息熵最大,这相当于一个完全随机、完全信息、完全竞争的法玛的有效市场,价格不可预测.

(2) 价值总是转换为一个确定的市场价格,即 $p_i = 1$,此时 $S_V = 0$,价值信息熵最小,这相当于一个完全确定、完全垄断或计划经济主导的无效市场,价格可预测.

(3) 价值转换为某一个可观测的市场价格的概率 p_i 不确定,此时价值信息熵是不确定的,$0 < S_V < \log_2 N$,介于最大和最小信息熵之间,这相当于一个不确定的市场,既不完全有效也不完全无效,市场价格波动由式(3.33)价值信息熵 S_V 来度量.

证券价值的信息能为

$$E_V = cS_V = c \times \left(-\sum_i p_i \log_2 p_i\right) \tag{3.34}$$

其中，c 为市场常数，$p_i = P(V = p_i)(i = 1,2,\cdots) = |E_i|^2$ 表示证券价值转换或"塌缩"到第 i 个市场价格的概率。证券价值的信息能是不确定的，即信息能是"不守恒"的，是一个"主观"过程，由"主观概率"描述。

3.5 不确定性市场假说

价值信息熵等于最大值，$S_V = \log_2 N$，其实就是完全信息、完全竞争下的法玛的有效市场，所有信息都反映到市场价格中，市场价格完全随机，市场不可预测；价值信息熵等于最小值，$S_V = 0$，其实就是信息完全不对称、完全垄断下的无效市场，价格完全确定，市场可以预测；价值信息熵介于最大值与最小值之间，$0 < S_V < \log_2 N$，其实就是不完全信息、不完全竞争下的不完备的市场。

由此引出我们的不确定性市场假说。

不确定性市场假说：市场既不是完全有效的，也不是完全无效的，市场是不确定的。信息不完全性及不对称性导致市场的不完备性，其不确定性不能用任何系统方法加以消除。市场的不确定性是内在的、必然的，不是外生的、偶然的。市场参与者决策的不确定性和证券价格的波动都由信息熵来度量。

不确定性市场假说彻底否认了标准金融理论所遵循的牛顿机械决定论对市场的认知。标准金融理论认为只要给定初始条件，通过建立优美的数学方程就可以确定市场以后的状态。不确定性市场假说告诉我们市场的本质是不确定的，市场状态不能通过初始条件及数学方程来确定，市场价格存在多种可能性，只能在一定范围内波动。市场不是一种单一的状态，而是具有极大的不确定性，而这种不确定性正是市场的本质。机械的、决定论的标准金融理论与我们的市场不确定理论的最大区别在于，主流经济学家认为标准金融理论可以解释市场中的客观现象并最终发现市场的一切现象，而不确定性市场理论让我们不得不承认，主流经济学家其实生活在现实世界的虚幻的影子中而浑然不知，现实的市场远比我们想象的更复杂。不确定性是市场内在的、根本的属性，不是由于对市场认识不足产生的。在真实市场中，市场不是在做随机漫步而是在做"量子漫步"，即同时向多个可能的市场价格漫步以便找到一个可以成交的价格完成交易.

定理 3.3 市场不确定性定理.

$$\Delta p \cdot \Delta M \geqslant c \tag{3.35}$$

$$M = s\left(\frac{\mathrm{d}p}{\mathrm{d}t}\right) \tag{3.36}$$

其中 p 表示市场价格,M 表示市场动量,s 为交易手数,$\mathrm{d}p/\mathrm{d}t$ 为市场速度.市场速度反映的是价格随时间变化的大小和方向,市场动量反映的是市场参与者在市场中的运动趋势,即对未来收益的"期望".市场不确定性关系式表明在任一个 t 时刻,市场价格和市场动量不能同时被精确测量.换句话说,在任一时刻对所交易的证券,市场参与者不能同时精确预测证券的市场价格和未来收益,市场的不确定性永远不会消失,也不可能低于上面公式所给定的测量精确程度.

当以某个市场价格开仓时,$\Delta p \to 0$ 有 $\Delta M \to \infty$,表明价格确定,未来收益不确定,市场不可预测.

当不交易时,$\Delta M \to 0$ 有 $\Delta p \to \infty$,表明市场动量"静止",收益确定,市场参与者可以在任何市场价格上交易证券,价格不确定.

证明市场不确定性定理.

证:

为了证明市场不确定性关系式,我们需要证明市场价格算符 $\hat{P}$ 和市场动量算符 $\hat{M}$ 是共轭、非对易的.测量证券的价格,需要用市场价格算符 $\hat{P}$ 对证券状态进行运算,而测量市场动量则需要用市场动量算符 $\hat{M}$ 对证券状态进行运算.市场动量是交易手数与市场速度的乘积,而市场速度定义为市场价格对时间的导数,所以市场动量算符 $\hat{M}$ 是关于市场价格的偏微分算符.因为一个算符与其偏微分算符是共轭不可互换的,所以市场价格算符 $\hat{P}$ 与市场动量算符 $\hat{M}$ 是共轭不可互换的,即满足 $\left[\hat{P},\hat{M}\right] = \mathrm{i}$.

运用算符的先后次序(从而测量的先后次序)的变换会产生不同的测量结果.市场价格算符 $\hat{P}$ 与市场动量算符 $\hat{M}$ 不对易,意味着我们不能同时对市场价格和市场动量进行测量,因为如果我们测量了其中一个量然后又测量另外一个,所得到的结果将和我们用相反的次序测量的结果不同,即我们不能同时精确地测量市场价格和市场动量.

〈证毕〉.

市场不确定性关系式中右边的市场常数是一个待定的常数,不过要精确测定这个市场常数还有很大的挑战.因为要测定市场常数首先需要找到一个"标准货币"作为标准的"价值尺度"来衡量证券的价值.寻找一个"标准货币"是经济学至今还没能解决的难题.因为无论是人民币、美元还是黄金、白银、原油,它们本身都是商品,它们的价值是不确定的,其市场价格不断地波动,所以无法作为衡量其他商品的标准价值参照尺度.

在《论谷物低价对资本利润的影响》中,李嘉图提出"谷物模型",实际上李嘉图是以小麦作为"标准货币",所有价格都是以小麦的价格为标准衡量的,之后斯拉法试图寻找李嘉图一生都在寻找的价值的"标准尺度"作为价格衡量标准,在《用商品生产商品》一书中,斯拉法提出了"标准商品"的概念.

在《经济理论的回顾》一书中,布劳格在讨论李嘉图的"不变的价值尺度"时写道:

> 谷物是农业唯一产出和农业与工业的唯一投入(以种子和"预支"给工人的食物的形式);这使谷物成为一种完全的"价值尺度",因为无论工资和利润发生什么都必然同时影响谷物的投入和产出,使谷物的相对价格不受影响.

在说到斯拉法的"标准商品"时,布劳格写道:

> 与此相似,斯拉法寻求一种"标准商品",它仅由产出构成,作为用再生产的非劳动投入,以同样的比例混合,进入所有其后续的各级制造业,在这种情况下,这种"标准商品"将具有与李嘉图的谷物一样的性质.

同时布劳格提到技术的变化将改变李嘉图的谷物的价格和斯拉法的"标准商品"的价格,所以李嘉图和斯拉法的方案都没有能提供"不变的价值尺度",布劳格总结道:

> 虽然李嘉图严密的分析受到表扬,但他时时想做异想天开的事——这当然是不可能的.

这里我们提出一个可以作为"不变的价值尺度"的"量子数字货币"方案,这个方案将基于去中心化的区块链技术和量子加密技术.我们知道当证券价值信息熵为零,也就是最小时,证券价值完全确定,市场价格不再波动,所以可由全球所有国家的央行及国际标准计量局共同"完全垄断(完全信息)"地发行一种"量子数字货币"并人为地设定一个不变的"标准价格".区块链的去中心化技术将能够保证没有得到所有参与国央行的同意则"量子数字货币"的任何信息都不能被改变,从而保证"量子数字货币"的信息完全及透明公开.因为信息是价值的本质,完全信息可以保证"数字货币"的价值确定不变,可以用来作为"不变的价值尺度". 同时,量子加密技术将挫败任何伪造"量子数字货币"的企图.

　　标准"量子数字货币"只是作为一种计量的抽象单位,没有人实际上持有并交易标准的"量子数字货币",我们称标准的"量子数字货币"的计量单位为"钱",保存在国际计量局及各国央行,作为"不变的价值尺度".

第 4 章

金融市场微观机制的量子模型

金融市场是由市场参与者、资本及证券和环境所构成的复杂系统. 市场参与者是具有学习、预测和决策能力的智能个体. 市场参与者用拥有的资本通过证券为中介进行买卖交易. 每个市场参与者单独的买和卖交易操作,并不能设定证券的市场价格,正是所有市场参与者之间的复杂相互作用,即竞争与合作的博弈过程所形成的"市场力",成为支配市场的力量,最终设定证券的市场价格. 博弈论是研究多个个体之间复杂交互作用的强有力的理论和方法,它已成为现代科学的主要基石之一. 本章把博弈论与量子理论相结合,深入研究金融市场量子不确定性的微观机制,把这项研究简称为量子博弈模型.

每个市场参与者都用一定的策略参与买卖交易. 市场参与者之间以传递和交换信息的方式,相互关联在一起,也就是说,市场参与者之间相互作用的本质是信息. 金融市场是一个开放系统,除了从环境获取资本和新技术等物质因素外,还不断与环境交换信息. 外界环境输入的信息会影响市场参与者的决策,会影响证券的市场价格. 金融市场在内、外两种力量作用下,可形成多种状态,这些状态之间也可发生相互转换. 由此可以看到,在金融市场运行过程中,有三个关键因素:证券、策略和信息. 金融市场的基本功能是实现资本和证券资源的再配置,即证券起到核心作用. 市场参与者的各种交易策略,可以看成是围绕证券这个核心运动的智能粒子,信息是市场运行的驱动力.我们把这三个要素的相互关系抽象为一个市场原子模型.在这个模型中,证券类比于原子核,交易策略类比于绕原子核运动的电子,信息类比于原子的能量.因此,市场原子模型是金融市场微观运行机制的一个抽象模型.本章将阐述引入市场原子模型后,对更深层次理解金融市场的机制所发挥的重要作用.

4.1 量子博弈模型

博弈论的基本概念包含:参与者、参与者的行动或策略、效用函数或支付函数和博弈结果等.若博弈时所有参与者同时选取行动,称为静态博弈.参与者的行动有先后顺序,且后行动者能够观察到先行动者所选取的行动时,称为动态博弈.若参与者对其他参与者的特征和策略等信息有充分了解时,称为完全信息博弈,否则称为不完全信息博弈.如此,可把博弈分为四种基本类型:完全信息静态博弈、完全信息动态博弈、不完全信息静态博弈、不完全信息动态博弈.金融市场中的博弈是属于不完全信息静态博弈,因为参与者同时采取行动,并且不完全掌握他人的信息.通常,金融市场中参与者的行动,也可称为交易策略,简称为策略,金融市场的博弈称为策略博弈.现以策略博弈为例,阐述利用博弈论分析实际问题时,所采用的基本方法和主要步骤:

(1) 从实际问题出发,研究每个参与者所有可能采取的策略.策略是参与者在掌握一定信息情况下进行行动的规划.我们用 s_i 表示第 i 个参与者的一个特定策略,$S_i = \{s_i\}$ 代表第 i 个参与者的所有可选择的策略集合.若 N 个参与者每人选择一个策略,则 N 维向量 $S = \{s_1, \cdots, s_i, \cdots, s_N\}$ 称为一个策略组合,其中 s_i 是第 i 个参与者选择的策略.一般来说,策略和行动是两个不同的概念,策略是行动的规划而不是行动本身.但在静态博弈中,策略和行动是相同的,因为所有参与者同时行动,没有任何参与者能获得其他参与者的信息,从而策略选择就变成简单的行动选择.若把第 i 个参与者所选择的特定策略 s_i 称为纯策略,则由第 i 个参与者全部策略 $\{s_i\}$ 按一定概率分布 p_i 所构成的策略可称为混合策略.

(2) 按照实际问题的特性,构建参与者的支付函数.支付是指在一个特定的策略组合下参与者得到的效用水平.参与者的目标是选择自己的策略以最大化其支付函数.第 i 个参与者的支付(效用水平)用 u_i 表示,N 个参与者的支付组合可用 $u = \{u_1, \cdots, u_i, \cdots, u_N\}$ 表示.在博弈中,每个参与者的支付不仅取决于自身的策略选择,而且也取决于其他参与者的策略选择,即 u_i 是所有参与者的策略选择的函数: $u_i = u_i(s_1,\cdots,s_i,\cdots,s_n)$. 支付的具体含义因实际问题而不同,可以是利润水平、收益率等. 支付函数的具体表达形式,也因实际问题而不同,比如,对于 2 人有限博弈可以用矩阵形式表达,通常称为支付矩阵.

(3) 按照实际问题的目标,获取所需要的结果. 所谓结果,就是为了达到实际问题的目标,应该采取的最优或者较为满意的策略组合、行动组合和支付组合等. 在经典博弈论分析中,采用均衡的概念描写博弈分析的结果,即均衡是所有参与者的最优策略的组合,一般记为

$$s^* = (s_1^*, \cdots, s_i^*, \cdots, s_N^*) \tag{4.1}$$

其中, s_i^* 是第 i 个参与者在均衡情况下的最优策略,它是第 i 个参与者所有可能的策略中使支付函数 u_i 最大化的策略. 如前所述, u_i 是所有参与者的策略组合的函数,第 i 个参与者的最优策略依赖于其他参与者的策略选择. 为了把一个特定参与者与其他参与者相区别,通常用 $s_{-i} = (s_1, \cdots, s_{i-1}, s_{i+1}, \cdots, s_N)$ 表示除第 i 个参与者之外的所有参与者的策略组合. 如此,策略博弈的纳什均衡可用下式表达:

$$u_i(s_i^*, s_{-i}) \geqslant u_i(s_i', s_{-i}), \quad \forall s_i' \neq s_i^* \tag{4.2}$$

均衡是指对所有 $i=1,2,\cdots,N$,此式同时成立.

经典博弈理论早在 20 世纪 50 年代就已经建立起来,量子博弈是在 2000 年左右才被明确提出来. 目前被广泛使用的量子博弈理论方法是由 Marinatto-Weber 提出的量子博弈机制. 我们试图把这种量子博弈机制应用到金融市场的不确定性的研究中,以便从量子不确定性更深层次去理解金融市场的微观运行机制. 按照 Marinatto-Weber 量子博弈的理论方法处理金融市场量子博弈问题,大致采用如下的主要步骤:

(1) 构建利用量子密度算符表示博弈参与者 A 和 B 的初始量子态的方法.

在金融市场博弈中有 N 个参与者,任取其中两个参与者 A 和 B,每个参与者只有买和卖两种交易策略,分别用 V 和 D 来表示,则其支付矩阵具有如下的形式:

$$\begin{array}{c} & V & D \\ V & \begin{bmatrix} (a_{00}, b_{00}) & (a_{01}, b_{01}) \\ (a_{10}, b_{10}) & (a_{11}, b_{11}) \end{bmatrix} \\ D & \end{array} \tag{4.3}$$

其中,设定行参与者为 A,列参与者为 B. A 的两个策略 V 和 D 构成了量子博弈中 A 的基向量 $H_A = \{|V\rangle, |D\rangle\}$, B 的基向量 $H_B = \{|V\rangle, |D\rangle\}$. 由 H_A 和 H_B 的张量积可构成一个四维的希尔伯特空间,即

$$H = H_A \otimes H_B = \{|VV\rangle, |DV\rangle, |VD\rangle, |DD\rangle\} \tag{4.4}$$

如此四维空间的四个基态,都表示为双量子比特形式. 其中,第一个量子位表示 A 的状态,第二个量子位表示 B 的状态. 在博弈开始前,博弈参与者 A 和 B 的初始量子态 $|\psi_{in}\rangle$ 可表示如下叠加态的形式:

$$|\psi_{in}\rangle = a|VV\rangle + b|DV\rangle + c|VD\rangle + d|DD\rangle \tag{4.5}$$

初始态 $|\psi_{in}\rangle$ 相对应的密度算符为

$$\rho_{in} = |\psi_{in}\rangle\langle\psi_{in}| \tag{4.6}$$

(2) 构建交易策略的量子门的具体形式.

在金融市场交易过程中,一种交易操作是维持交易策略不变,可用单位矩阵 I 表示,即

$$I = \begin{bmatrix} 1 & 0 \\ 0 & 1 \end{bmatrix} \tag{4.7}$$

另外一种交易操作,改变原有的策略,可用如下形式的矩阵 C 表示:

$$C = \begin{bmatrix} 0 & 1 \\ -1 & 0 \end{bmatrix} \tag{4.8}$$

在博弈过程中,若 A 以概率 p 选择策略 I,以概率 $1-p$ 选择策略 C,B 以概率 q 选择策略 I,以概率 $1-q$ 选择策略 C,则 A 和 B 参与者进行 I 和 C 交易操作后,金融市场量子系统的密度矩阵变为

$$\begin{aligned}\rho_{fin} =\ & pq[(I_A \otimes I_B)\rho_{in}(I_A^* \otimes I_B^*)] + p(1-q)[(I_A \otimes C_B)\rho_{in}(I_A^* \otimes C_B^*)] \\ & + (1-p)q[(C_A \otimes I_B)\rho_{in}(C_A^* \otimes I_B^*)] \\ & + (1-p)(1-q)[(C_A \otimes C_B)\rho_{in}(C_A^* \otimes C_B^*)] \end{aligned} \tag{4.9}$$

其中

$$\begin{aligned} I_A = I_B = I, \quad & I_A^* = I_B^* = I^* \\ C_A = C_B = C, \quad & C_A^* = C_B^* = C^* \end{aligned} \tag{4.10}$$

(3) 若用 P_A 和 P_B 分别表示参与者 A 和 B 的收益算子,则有

$$P_A = a_{00}|VV\rangle\langle VV| + a_{01}|VD\rangle\langle VD| + a_{10}|DV\rangle\langle DV| + a_{11}|DD\rangle\langle DD| \tag{4.11}$$

$$P_B = b_{00}|VV\rangle\langle VV| + b_{01}|VD\rangle\langle VD| + b_{10}|DV\rangle\langle DV| + b_{11}|DD\rangle\langle DD| \tag{4.12}$$

若用 $u_A(pq)$ 和 $u_B(pq)$ 表示参与者 A 和 B 的最终的收益函数,则可表示为如下的形式:

$$u_A(pq) = \mathrm{tr}(P_A \rho_{fin}) \tag{4.13}$$

$$u_B(pq) = \mathrm{tr}(P_B \rho_{fin}) \tag{4.14}$$

(4) 在金融市场中的博弈是 N 个参与者的多矩阵博弈.由于各个参与者之间的相互关联性,可以用一个无向图结构来表示,则可把多矩阵博弈定义如下:设 $G=(V,E)$ 是一个无向图,其中 $V=\{1,2,\cdots,N\}$ 是所有顶点的集合,E 是 G 中所有边的集合.每个顶点 i 代表一个博弈参与者,其策略集为 S_i.每条边 $e_{ij}\in E$,定义一个双人矩阵博弈,可用 A_{ij} 表示参与者 i 和 j 的支付矩阵.博弈参与者在其参与的所有矩阵博弈中采用同一个策略.在金融市场中 N 个参与者的多矩阵博弈的最终收益是所有双人博弈收益的总和.若用 π_i 表示任一参与者 i 与所有其他相关联者博弈的总收益,则有

$$\pi_i(s_1, s_2, \cdots, s_n) = \sum_{j \in N(i)} s_i^T A_{ij} s_j \tag{4.15}$$

其中,$N(i)$ 是参与者 i 在图 G 中相关联结点的集合.

(5) 按照金融市场获取最佳收益的目标,提取所需要的结果.在经典博弈论中,是提取纳什均衡的结果,所采用的数学方程是解约束条件下的极值问题.在已有的量子博弈理论的应用中,也多是把经典支付矩阵量子化后,求约束条件下的极值,以得到各种类型的均衡解.我们认为在金融市场中除了均衡解外,还存在着一些非均衡解,适于用量子遗传算法这种群体优化算法,来获得满足最佳收益目标的非均衡解.有关这方面的内容,在本书第 6 章中介绍.

4.2 市场原子模型

归纳与演绎是人类认知复杂世界的两个最基本的逻辑思维方法,归纳是从个别到一般,演绎则是从一般到个别.抽象模型在简化现实世界的复杂性中起到了重要的作用,便于人们在科学研究中更好地归纳和演绎.

百度百科对模型抽象方法的描述:

"模型抽象方法"是将现实的对象简化成与其相似的替代物再加以研究的方法.通常把现实的对象叫作"原型",而把原型的替代物叫作"模型".在科学研究中,一些微观、宏观和宇观的较为复杂的研究对象,由于受到时间、空间、人的感官以及因果关系不详等条件的限制,不便对原型进行研究,只能采用以模型替代原型从而加以研究的方法.

当科学家给出一个理论描述自然界的发展规律和模式时,实际上理论描述的是对复杂现实世界的简化的模型的发展规律.类比是建立模型最有效的方法,正如格里宾在《薛定谔的猫》一书中所说:

整个物理学是基于类比和建立模型用来解释用我们自己的感觉不能够探测到的物理世界如何运行的过程.

我们类比于玻尔的原子模型,建立了金融市场原子模型,在玻尔原子模型中,提出了如下假设:

(1) 电子在离散的量子化的轨道上运行;
(2) 电子在轨道上做旋转运动并不释放电磁波(无能量损失);
(3) 当电子从一个轨道跃迁到其他轨道时,电子将释放或吸收光子,并且光子的能量等于电子在两轨道上进行旋转运动时所具有的能量差.

我们把金融市场运行中的证券、交易策略和信息这三个关键元素的相互关系抽象出一个金融市场原子模型,在这个模型中,构成金融市场的基本元素是"市场原子",证券是"市场原子"的核心,类比于原子中的原子核,我们称证券为"市场原子"的"市场核",交易策略围绕证券这个核心进行买或卖的交易操作,类比原子中围绕原子核运行的电子,我们称交易策略为"市场原子"中围绕"市场核"运行的"智能粒子",交易策略的买或卖即为"智能粒子"的"自旋".信息类比于原子的能量,这个"市场核"和所有围绕其运行的交易策略"智能粒子"构成了"市场原子",如图 4.1 所示.

市场原子模型的三个假设:

假设 1:交易策略的交易价格不是随意和连续的,它们在确定的量子化的"市场原子"的定态信息能级或轨道上运行.

假设 2:交易策略在"市场原子"的定态信息能级或轨道上运行时,并不释放任何信息能量.

假设 3:当交易策略从一个信息能级向其他信息能级跃迁,即发生买卖交易时,"市场原子"会吸收或释放 N 个"市场子"."市场原子"吸收或释放的信息能量等于交易策略在两个轨道上运行时所具有的信息能之差.

图 4.1　微观市场原子模型

在市场原子模型中,信息起到驱动力的作用,类比于原子的能量,我们引入了信息能的概念.如前所述,在自然科学中,看得见的物质和看不见的能量是两个最基本的要素.在社会科学中,看得见的数据和看不见的信息也是两个基本要素.物质和能量通过爱因斯坦著名的质能关系式 $E = mc^2$ 相互转化,类比于此,我们认为数据和信息之间也存在式(3.15)($E_I = sv^n$)描述的转化关系.式(3.15)的物理意义在于表达这样的客观事实:信息存在于数据中,信息所起作用的大小与数据量的大小以及数据的传播速度密切相关.

市场原子模型在深入理解金融市场微观机制上可起到如下的重要作用:

1. 信息能级与市场子

市场本身是离散的并且是远离平衡的耗散系统.我们认为信息是金融市场的本质,信息是市场波动的源泉,市场通过与环境交换信息以维持其稳定和有序.市场在做"量子漫步",可能是微小的波动,也可能突然"跳跃".如图 4.2 所示,金融市场是由许多"市场原子"构成的.

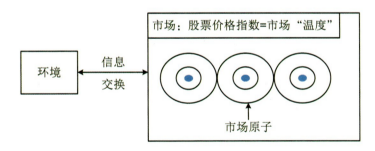

图 4.2　宏观市场原子模型

类比于原子具有不连续的能级结构,市场原子应具有不连续的信息能级结构.类比于原子在两个能级间跃迁时,通过发射和吸收光子与环境交换能量,市场原子在两个信息能级间跃迁时,通过发射和吸收"市场子"与环境交换信息能量,也就是说,"市场子"类似于光子,都具有量子属性."市场原子"的信息能量 E_I 不是连续的,是由最小的信息能量单位"市场子"组成的,若用 ε_0 表示市场子,则信息能量 E_I 可表示为

$$E_I = n\varepsilon_0, \quad n = 1,2,\cdots \tag{4.16}$$

其中,市场子 ε_0 可表示为

$$\varepsilon_0 = mS_V \tag{4.17}$$

$$S_V = -\sum_i p_i \log_2 p_i \tag{4.18}$$

p_i 是证券在第 i 个市场价格成交的概率,S_V 是价值信息熵,反映的是价格的波动,m 是市场常数.

2. 市场状态的稳定性的判别准则

如果所有"市场原子"都处于最低信息能级,那么整个市场就处在一个稳定的市场状态;如果市场与环境交换信息能量使"市场原子"跃迁到较高的信息能级上,就有可能破坏市场的稳定性;如果所有"市场原子"都被激发到最高信息能级,市场就会处于不确定的"泡沫"状态.由此可见,信息能级越高,市场原子状态越不稳定;反之,信息能级越小,"市场原子"状态越稳定,基态是最稳定的市场原子状态.

3. 交易过程的微观机制

交易策略的交易价格不是随意和连续的,它们运行在"市场原子"的确定的信息能级上.交易策略在"市场原子"的信息能级上运行时,并不与环境进行信息能量交换.当交易策略从一个信息能级向其他信息能级跃迁,即发生买卖交易时,"市场原子"才会吸收或释放"市场子"."市场原子"吸收或释放的信息能量等于交易策略在两个相关信息能级的信息能之差,可表示为

$$E_n - E_m = mS_V \tag{4.19}$$

其中,E_n,E_m 是信息能级,m 是市场常数,S_V 是价值信息熵,反映的是证券的市场价格波动.我们可以用费曼图描述两个交易策略相互博弈完成一个交易的市场过程:交易是一个交易策略发射的"市场子",被另一个交易策略吸收的过程,如图 4.3 所示.

交易策略吸收信息能量跃迁到更高的信息能级上并释放出"市场子",跃迁的交易策略具有的信息能量会以资金(类比于热量)的形式迅速耗散."市场子"是传递信息能量的载体,就像物理世界中光子传递能量一样.交易策略通过在市场原子的不同信息能级间的跃迁,完成了开仓、平仓、加仓操作,市场实际上在跳跃而不是随机漫步,换句话说,市场在做"量子漫步".

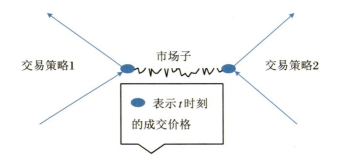

图 4.3　交易过程

开仓：交易策略从基态（持有现金）吸收"市场子"，跃迁到高信息能级激发态，如图 4.4 所示.

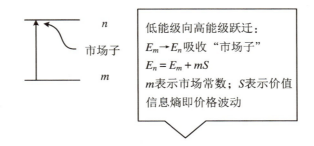

图 4.4　开仓过程

平仓：交易策略从激发态释放"市场子"，跃迁回到"市场原子"的基态，如图 4.5 所示.

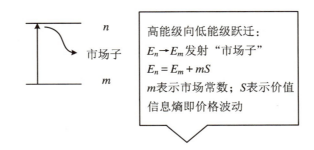

图 4.5　平仓过程

加仓：交易策略吸收或释放"市场子"，从一个激发态能级跃迁到另一个激发态能级上.

4. 金融市场复杂波动性的量子属性

长期以来,人们从金融时间序列的大量数据出发,利用各种认知分析方法,挖掘金融时间序列中包含的统计规律性,得到若干重要的成果.看似混乱无序的复杂波动曲线上,包含有如下的基本特征:趋势性、周期性、聚集性和频谱结构等.产生这些特性的原因是什么?或者说,它们的微观机制是什么?这些一直是金融市场研究中的最基本的科学问题.我们基于金融市场的原子模型,对这一科学问题进行了初步研究,得到如下一些结果:

(1) "市场原子"在市场中的平均信息能量 $\bar{E}_I$,利用量子统计分布,可以表达为

$$\bar{E}_I = \frac{mS_V}{e^{mS_V/(cT)} - 1} \tag{4.20}$$

其中,T 是市场"温度",它表示为市场股票指数,m 和 c 为常数.由式(4.20)可以发现当 S_V 价值信息熵,也就是价格波动达到某个最高点后,市场平均信息能 $\bar{E}_I$ 就会逐渐下降,如图4.6所示.

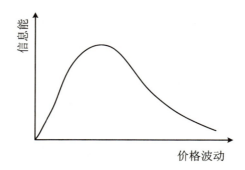

图4.6 信息能波动

标准金融理论的理性经济人假设和有效市场假说实际上假设交易策略的信息能量与市场波动无关,即遵从"信息能量等分原则",市场参与者在完全信息下的完全竞争使市场参与者拥有相同的信息并且已经全部反映到了市场价格中.我们的量子化的不确定性市场理论认为每个市场参与者拥有的信息与市场波动有关,有限的信息能量不是均等分给所有市场参与者的,一般来说波动大信息大,收益与风险也相应增大,但当波动超过某个临界点,收益与风险不再随波动增大而增大,即信息能将下降.由于每个"市场原子"的市场波动不一样,相应的"市场原子"的信息能也就不同,如图4.7所示.

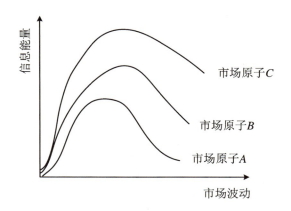

图4.7 信息能波动分布

对信息能 $\bar{E}_I$ 进行平均的过程,实质上就是一种对其波动性的平滑过程,因此平均信息能 $\bar{E}_I$ 可以近似地描述金融市场演化的趋势性.由式(4.20)可以得到如下结果:

① 若 $mS_V \ll cT$,则 $\bar{E}_I = cT$.即市场平均信息能 $\bar{E}_I$ 与市场温度成线性关系,此时,市场原子随机漫步,在均衡点附近微小波动.

② 若 $mS_V \gg cT$,则 $\bar{E}_I = mS_V e^{mS_V/(cT)}$.市场平均信息能 $\bar{E}_I$ 与市场温度(价格指数)成指数关系,此时,市场原子量子漫步,作异常剧烈波动.

由此可以看到,把市场原子作为微观粒子,按照量子统计规律,求市场信息能量 E_I 的统计平均值 $\bar{E}_I$,可以预测在一定条件下,$\bar{E}_I$ 具有线性趋势性,在另外条件下,产生异常波动.判别准则由市场原子信息能级之差 mS_V 和市场温度(可看成是环境热库作用)之间的相对关系来决定:当市场原子信息能级之差远小于环境的影响时,市场做平稳的趋势性运动,相当于在恒定外界影响下的运动;当市场原子信息能级之差远大于环境的影响时,市场的状态在不同能级之间进行跃迁,产生突变的大幅度的波动运动.

(2) 原子等微观粒子具有波粒二象性,因此会体现出波的特性.众所周知,在音乐中的声波存在差拍振动.在电子的双缝试验中存在着规则的干涉条纹,微观粒子表现出特有的频率节拍,人们把这种节拍称为量子节拍.除此以外,在光合作用的实验研究中,为了检测叶绿素样本的内部结构,向光合作用的复合体连续发射三束脉冲激光,样本吸收激光能后放出一段光信号,这些反射的光信号起伏震荡.这些震荡信号与双缝试验中的明暗干涉条纹,以及乐器调音时周期性起伏的差拍振动完全类似.这种生命过程中节拍现象表明:激子在穿过叶绿素迷宫的过程中并不是沿着某一条路径,而是同时沿着多条可能的路径前进.能量沿着不同的线路传递就像弹奏两把音调略有差异的吉他,它们会产生震荡的差拍振动.显然,这项研究中所涉及的粒子都属于微观粒子,所呈现出的差拍振动是生命过程中的"量子节拍". 在金融市场中,"市场子"在市场交易过程中,并不是沿着一条特定的"路径",而是同时沿着多条可能的路径跳跃."市场子"所释放或吸收的信息能量沿着不同的"路径"传递. 显然,这完全类似于光合作用研究中所呈现出的"量子节拍"现象,我们称金融市场中的这种量子节拍现象为"市场节拍",如图 4.8 所示.

图 4.8　市场节拍

我们预言,"市场节拍"概念对于深入研究市场周期性的微观机制,会发挥重要作用."市场节拍"是量子相干性的一种表现形式. 基于市场原子的量子相干性,除了解释市场周期性之外,还可分析更多的复杂的波动现象.

(3) 在金融市场复杂波动性的内在规律的研究中,除了统计分析的方法外,也发展出另外一种分析方法,可统称为谱结构分析方法. 在谱结构分析中,利用傅里叶变换、小波分析以及多重分形结构分析等方法,把复杂波动曲线分解为若干基本波动单元组成部分. 谱结构分析可给出两个重要结果:不同的波动曲线有不同的谱结构,谱结构本身就是波动曲线固有特征的一种表达,正像在统计分析中,不同的概率分布是波动曲线的不同统计特征的表达一样,从而深化了对金融市场复杂波动性微观机制的理解. 我们所提出来的金融市场原子模型,对于揭示谱结构的量子属性,将会发挥重要作用:

第一,每个市场原子,都会类似于原子光谱,具有离散的市场谱线结构,这种谱线结构表达了市场原子的固有的能级结构. 交易策略会在"市场原子"不同信息能级间跃迁并发射"市场子",类比电子在原子中跃迁并发射光子,产生一系列离散的光谱,具有不同波动率的"市场子"也会产生一系列离散的市场"谱线". 由于每个"市场原子"存在不同的信息能级,各种交易策略在不同信息能级间跃迁发射的"市场子"的波动率可由下式决定:

$$\sigma \approx E_n - E_m \tag{4.21}$$

一般来说如果"市场原子"有 n 个信息能级,应该就有 n 个离散的市场"谱线",如图 4.9 所示.

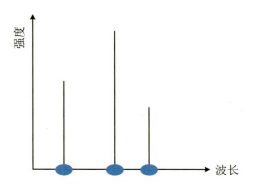

图 4.9 市场谱

第二，金融市场是由大量市场原子组成的聚集体.每个市场原子是不同的,其谱线结构也是不同的.由于这些异质市场原子之间存在着竞争与合作的博弈关系,大量市场原子构成的聚集体的谱线结构就与单个市场原子的谱线结构有本质上的不同.众所周知,在凝聚态物理中,大量原子构成凝聚态具有能带结构,而不是简单的能级结构,从而相应的谱结构已不是简单的离散的谱线,而是呈现出复杂的谱线聚集的谱结构.类比于此,由大量市场原子所构成的聚集体,也还有类似的能带结构,而其谱线结构也会呈现出谱线聚集的复杂结构.因此,利用市场原子的模型,可以开拓出研究金融市场呈现出聚集性复杂波动性的一条新的途径.在这个方向上所得到的结果,将会深刻地揭示出金融市场具有量子属性.

"市场原子"模型是对现实市场的一个简化的描述并不是现实市场本身,现实的市场并不是和描述它的模型一样,如哲学家柯日布斯基的著名格言:"地图非疆域."如上所述,我们利用市场原子模型,可从量子不确定性的更深层次上分析市场遵行的微观机制,将有助于我们深入理解金融市场不确定性的本质和作用.

第 5 章

金融市场演化动力学

金融市场是一个开放的系统,除了从环境获取资本和新技术物质因素外,不断与环境交换信息.市场通过与环境的相互作用以维持其复杂的有序状态和结构.有两种力量作用在市场上:第一种力量来源于市场参与者之间的相互作用;第二种力量来源于外界环境的作用,尤其是外界环境输入的信息会影响市场参与者决策"路径"的选择,从而进一步影响证券价格的波动.因此,市场的状态(上涨或下跌),就在这两种力量的作用下不断演化.金融市场在演化过程中,在一定的临界条件下,会涌现出新的状态和结构,类比于物理学中的相变.在本章中,我们将首先给出研究金融市场演化过程的两种方法,然后进一步阐述金融市场演化过程的不确定性.

5.1　金融市场演化动力学方程

5.1.1　概述

标准金融理论类似牛顿经典力学在一个多维的线性实数空间中利用价格及收益来描述市场运动,我们的不确定性市场理论类似量子力学用一个多维的线性复数希尔伯特空间来描述市场系统.市场的运动状态就是用希尔伯特空间 H 的矢量来表示的,若矢量 $\psi(x)$ 是矢量 $\varphi(x)$ 的函数,即 $\psi(x) = f[\varphi(x)]$ 而且函数关系是线性的,$\psi(x) = f[c\varphi(x)] = cf[\varphi(x)]$,其中 c 是常数,则可把从矢量 $\psi(x)$ 到矢量 $\varphi(x)$ 的变换过程看成是对矢量 $\varphi(x)$ 运用了一个线性算符.引用线性算符 $\hat{A}$ 可表示为

$$\hat{A}\varphi(x) = \psi(x)$$

设有如下方程式:

$$\hat{A}\varphi(x) = a\varphi(x)$$

其中,$\hat{A}$ 是已知的线性算符,数 a 及矢量 $\varphi(x)$ 都是未知的,需要对这些未知量求解上述方程式.我们称上述方程式为线性算符 $\hat{A}$ 的本征方程式,如果求解过程已经完成,则我们把数 a 称为线性算符 $\hat{A}$ 的一个本征值,矢量 $\varphi(x)$ 为线性算符 $\hat{A}$ 对应本征值 a 的本征矢量.若线性算符 $\hat{A}$ 与其复共轭算符 $\hat{A}^+$ 相等,则称算符 $\hat{A}$ 为厄米算符,即

$$\hat{A} = \hat{A}^+$$

厄米算符的本征值全部是实数,且若厄米算符的两个本征值属于不同的本征值,则它们的本征矢量 $\varphi(x)$ 是正交的.

我们用厄米算符 $\hat{A}$ 表示市场系统的可观测量.当我们对某一个市场参量做一次测量,如果测量结果必须存在且总为实数,那么这个可观测量在我们的市场理论中可以用某个厄米算符 $\hat{A}$ 表示.假如市场状态处于可观测量 $\hat{A}$ 的对应本征值 a_n 的本征态 φ_n,那么

若对可观测量 $\hat{A}$ 进行测量,得到的结果一定是实数 a_n;反之亦然,如果对市场系统的可观测量 $\hat{A}$ 的测量肯定给出一特定结果 a_n,那么市场系统一定处于可观测量 $\hat{A}$ 的本征态:

$$\hat{A}\varphi_n = a_n\varphi_n$$

如果市场系统处于市场态 ψ,不是可观测量 $\hat{A}$ 的本征态,而是叠加态:

$$\psi = \sum_n c_n\varphi_n$$

这时如果对可观测量 $\hat{A}$ 进行测量,它的所有本征值 $(a_1, a_2, \cdots, a_n)$ 都是可能的结果,而测量得到某个本征值 a_n 的概率为 $|c_n|^2$,并且满足归一化条件:$\sum_n |c_n|^2 = 1$.

假设在 t 时刻市场处于某个市场态 $\psi(t)$,它不是可观测量 $\hat{A}$ 的本征态,而是所有可能状态的叠加:

$$\psi(t) = \sum_n c_n\varphi_n$$

那么在 t 时刻,如果在市场叠加态 $\psi(t)$ 下测量可观测量 $\hat{A}$,可得到从 a_1 到 a_n 任何可能的结果,则测量得到结果 a_n 的概率为 $|c_n|^2$.如果在 t 时刻测量的结果为 a_n,则测量操作使市场的状态由叠加态 $\psi(t)$ 转换到了可观测量 $\hat{A}$ 对应于其本征值 a_n 的本征态 φ_n,我们称市场状态发生了"塌缩".市场随时间的演化有可能"塌缩"于任何可能的本征态 φ_n,观测的结果为本征值 a_n,而发生"塌缩"到本征态 φ_n 的概率为 $|c_n|^2$.

5.1.2 信息能量算符 $\hat{X}$ 及市场原子演化方程

人类通过意识了解世界,认识世界.我们正是通过大脑中的意识与外界环境交换信息,信息是人类认知世界的关键.标准金融理论认为市场状态是相空间的点,是确定的,可由函数表示;我们的市场理论认为市场是内在不确定的,我们用市场"波函数"描述市场的状态,"波函数"不再是相空间的一个点,而扩散在整个相空间中.在这个意义上,市场"波函数"是我们关于市场的信息.在交易前,市场与外界环境交换信息,它的"波函数"随时间演化,就像池塘中的水波一样扩散,市场"波函数"的振幅反映市场在某个价格成交的概率,当交易完成后,市场"波函数"就会"塌缩"到相空间一个点(某个确定的市场价格).

在金融市场原子模型中,类比于量子理论中的哈密顿算符$\hat{H}$,我们引入信息能量算符$\hat{X}$.若用$\psi(x,t)$描述金融市场原子的量子态波函数,类比于量子理论中的薛定谔方程,可把市场原子的演化动力学方程表达为如下形式:

$$i\hbar\frac{\partial}{\partial t}\psi(x,t) = \hat{X}\psi(x,t) \tag{5.1}$$

其中,$\hbar$为常数.信息能量算符$\hat{X}$的解就是市场"波函数",市场"波函数"描述市场中包含的信息.由于我们不能同时精确测量市场价格和市场动量,所以我们需要计算市场"波函数".类似地,市场原子的定态演化动力学方程可表达为如下形式:

$$\hat{X}\psi(x) = E\psi(x) \tag{5.2}$$

显然,式(5.2)就是信息能量算符$\hat{X}$的本征方程.通过求解定态方程(5.2),可以得到信息能量算符$\hat{X}$的本征值和本征函数,即市场原子的信息能级结构及相应的量子态的概率分布.若自变量取为金融市场的价格,则本征波函数$|\psi(x)|^2$即为价格x的概率.通过求解演化动力学方程(5.1),可得市场原子随时间演化的规律.显然,给出信息能量算符$\hat{X}$的具体表达式以后,才能对方程(5.2)和方程(5.1)进行求解.信息能量算符$\hat{X}$的具体形式是由金融市场的实际情况决定的.下面列举几个简单的金融市场问题.

1. 股票市场的涨停和跌停机制问题

我们知道很多股票市场设置了涨停和跌停的机制,即每只股票每天只能在一个最低价格P_{min}和一个最高价格P_{max}之间进行交易:超过P_{max}涨停,低于P_{min}则跌停,不再继续交易.这种机制,相当于市场原子在一个对称的一维无限深势阱中运动,如图5.1所示.

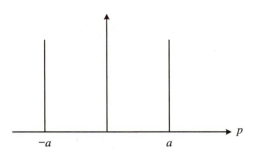

图5.1 一维无限深势阱

若用p表示价格,对于这种一维无限深势阱模型,信息能量算符$\hat{X}$可表达为如下的形式：

$$\hat{X} = -\frac{\partial^2}{\partial p^2} + U(p) \tag{5.3}$$

$$U(p) = \begin{cases} 0, & p \leqslant |a| \\ \infty, & p \geqslant |a| \end{cases} \tag{5.4}$$

$$a = \frac{1}{2}(p_{\max} - p_{\min}) \tag{5.5}$$

在一维无限深势阱情况下，"市场原子"的市场价格出现在 $p \geqslant |a|$ 外的概率为零，则方程(5.3)为

$$\hat{X}\psi(p) = E_I\psi(p)$$

$$\begin{cases} -\dfrac{\mathrm{d}^2\psi(p)}{\mathrm{d}p^2} = E_I\psi(p), & p \leqslant |a| \\ \psi(p) = 0, & p \geqslant |a| \end{cases} \tag{5.6}$$

其中，E_I 为市场原子的信息能级. 本征方程(5.6)的解为

$$\psi_n(p) = \begin{cases} \dfrac{1}{\sqrt{a}}\sin\dfrac{n\lambda}{2a}(p+a), & p \leqslant |a| \\ 0, & p \geqslant |a| \end{cases} \tag{5.7}$$

$$E_n = \frac{\pi^2}{8a^2}n^2, \quad n = 1, 2, \cdots \tag{5.8}$$

$$\lambda = \frac{4a}{n}, \quad n = 1, 2, \cdots \tag{5.9}$$

市场"波函数"随时间演化为

$$\psi_n(t) = \psi_n \mathrm{e}^{-\mathrm{i}E_n t}$$

由这些结果，可以得到市场原子的能级结构 E_n 和相应的本征函数 ψ_n，如图5.2所示.

我们可以进一步在有限深势阱中研究市场状态，此时市场原子的势能为（如图5.3所示）

$$U(p) = \begin{cases} V_1, & p \leqslant a \\ 0, & a < p < b \\ V_2, & p \geqslant b \end{cases}$$

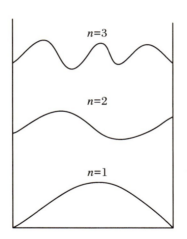

图 5.2 信息能级图

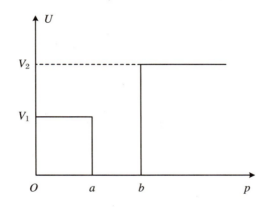

图 5.3 一维有限深势阱

本征方程为

$$\left(-\frac{d^2}{dp^2} + U(p)\right)\psi(p) = E_l\psi(p)$$

Ali Atanllah 用上面有限深势阱研究了伦敦证券市场,闵文强等利用 Ali 模型研究了上海证券市场.伦敦证券市场和上海证券市场都显示出类似的尖峰厚尾分布而不是正态分布,如图 5.4 所示.

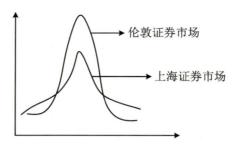

图 5.4 一维有限深势阱收益分布

市场"波函数"为

$$\psi(p) = \begin{cases} Ce^{\sqrt{\theta}(p-a)}, & p < a \\ C\left\{\sqrt{\dfrac{\theta}{r}}\left[\sin\sqrt{\lambda}(p-a) + \cos\sqrt{\lambda}(p-a)\right]\right\}, & a \leqslant p \leqslant b \\ C\left[\sqrt{\dfrac{\lambda}{\gamma}}\sin\sqrt{\lambda}(b-a) - \sqrt{\dfrac{\theta}{r}}\cos\sqrt{\lambda}(b-a)\right]e^{-\sqrt{r}(p-b)}, & p > b \end{cases}$$

其中,$\theta, \gamma, \lambda, r, b, a$ 参量之间满足如下关系:

$$b - a = \dfrac{1}{\sqrt{\lambda}}\tan^{-1}\left(\sqrt{\dfrac{\lambda}{\theta}}\dfrac{\theta + \sqrt{\theta r}}{\lambda - \sqrt{\theta r}}\right)$$

2. 金融市场在均衡点振动问题

金融市场在均衡点振动问题可简化为谐振子模型,在市场原子谐振子模型中,信息能量算符 $\hat{X}$ 可表达为

$$\hat{X} = -\dfrac{d^2}{dp^2} + \dfrac{1}{2}\omega^2 p^2 \tag{5.10}$$

相应的信息能量算符的本征方程为

$$\left(-\dfrac{d^2}{dp^2} + \dfrac{1}{2}\omega^2 p^2\right)\psi_n(p) = E_n\psi_n(p) \tag{5.11}$$

通过求解本征方程(5.11),可得到相应的信息能级为

$$E_n = \left(n + \dfrac{1}{2}\right)\omega, \quad n = 1, 2, \cdots \tag{5.12}$$

我们知道在一个有摩擦且存在市场噪声的金融市场中,如果没有外界环境不断输入

的信息能,市场波动将会逐渐变为零,正是市场不断与环境交换信息能,才能维持市场的波动.因此,在市场原子的谐振子模型中,信息能算符$\hat{X}$应该表达为如下的形式:

$$\hat{X} = -\frac{\mathrm{d}^2}{\mathrm{d}p^2} + \frac{1}{2}\omega^2 p^2 \cdot \hat{E}(t) \tag{5.13}$$

其中,$\hat{E}(t)$是证券价值的期望算符,式(3.29)决定市场原子的市场价格,它在真实市场中是随时间而变化的.在外界环境输入信息的影响下,期望算符$\hat{E}$作用于市场原子,使证券的市场价格上涨或下跌.我们考虑一个最简单的情况,即外界环境信息对期望算符$\hat{E}$的影响为周期性的波动,即

$$\hat{E}(t) = \cos\omega t \tag{5.14}$$

薛娜等在《中国股票市场的波函数》一文中,用如下的哈密顿算符$\hat{H}$,描述股票的谐振子模型:

$$\hat{H}(t) = -\frac{\hbar^2}{2m}\frac{\partial^2}{\partial r^2} + \frac{1}{2}m\omega^2 d^2 r\cos\omega t \tag{5.15}$$

其中,第一项表示动能,反映股票固有的性质;第二项表示势能,反映股票受到外部周期性信息的影响.余弦函数用来简单地模拟市场信息周期性的波动,其中ω是信息更替的频率,$\cos\omega t$的值随时间变化.当$\cos\omega t<0$时,信息有利于价格的上涨;当$\cos\omega t>0$时,信息有利于价格的下跌.我们把式(5.14)代入到式(5.13),可得到类似于式(5.15)的信息能算符$\hat{X}$,也会导出类似的结果.在真实的市场中,外界环境输入市场的信息不可能是简单周期性的规律变化,应是期望算符$\hat{E}$的更一般的形式,可由金融市场的博弈过程来决定.

5.2 金融市场演化的伊辛模型

伊辛模型是德国物理学家楞次在1920年提出的,用来解释铁磁物质的相变,即磁铁在加热到一定临界温度之上或之下就会发生相变;超过一定温度会消磁,低于一定温度又会表现出磁性.百度百科对伊辛模型定义如下:

伊辛模型是一类描述物质相变的随机过程模型.物质经过相变,会出现新的结构和物性.伊辛模型研究的系统可由多维周期点阵组成,点阵的几何结构可以是立方的或六角形的,某个点阵上赋予一个取值表示自旋变数,即自旋向上或自旋向下.

伊辛模型是研究晶格上自旋系统演化和相变行为的有效方法.在此模型中,假设在每个晶格格点上自旋只有两个状态,即 $\sigma_i \in \left\{ +\frac{1}{2}, -\frac{1}{2} \right\}$,向上或向下的两种取向状态.在每个格点上的哈密顿量可表达为

$$H(\sigma_j) = -\sum_i J_{ij}\sigma_i\sigma_j - h_j\sigma_j \tag{5.16}$$

其中,第一项为自旋之间的相互作用,通常只取第一近邻的近场作用,即 i 取 j 的相邻格点;第二项是自旋 σ_j 在外磁场 h_j 作用下的哈密顿量,属于全局作用项.根据最小作用原理,选择每一个自旋状态 σ_j 的概率服从玻尔兹曼分布,即状态取向的概率为

$$p(\sigma_j) = \frac{\mathrm{e}^{-\frac{H}{K_B T}}}{\sum\limits_{\sigma_j} \mathrm{e}^{-\frac{H}{K_B T}}} \tag{5.17}$$

可以看到,$H(\sigma_j)$ 能量最低的状态被选择的概率更高.在晶格自旋相互作用中存在着两种趋势性竞争:一方面,最小作用原理要求自旋全部同向排列,使得自旋系统能量最低;另一方面,热运动要求自旋随机排列,使得系统的熵尽可能大.在晶格自旋系统的整个演化过程的每一步中,大量原子的自旋,它们按照玻尔兹曼的概率分布,自适应地调整自旋状态,在"最小化相互作用和最大化熵"的效用边界上,得到最优结果.当自旋状态按照上述演化规则确定后,可通过微观量系综平均得到可观测量的期望值.

综上所述,伊辛模型的基础思想是按照一定的规则,进行微观态的逐步演化,最后通过对微观演化结果进行系综平均而达到宏观态.

目前,基于伊辛模型的基本思想构建金融市场的演化模型方面,已取得了初步成功.Sznajd 在研究舆论的形成与演化问题时提出了一个简化的一维伊辛模型,每个人占有一个格子,格子的"自旋"表示每个人有两种决策态度,赞同或反对.对于金融市场中的交易策略,可以用"买"或"卖"两个交易操作替代"赞同"或"反对".Sznajd 模型从随机漫步的初始态开始,在一定的外界影响下,用蒙特卡罗方法模拟市场状态随时间演化.栾玉国等利用 Sznajd 简化的伊辛模型,模拟中国证券市场单个股票形成机制,并与实际个股收益率与统计性质进行比较.通过比较模拟收益率与实际收益率,发现 Sznajd 模型所给出的价格形成机制和实际证券市场统计性质是一致的,比如都具有相同的尖峰厚尾等特征.

黄吉平在《经济物理学》一书中,不但全面地分析了伊辛模型和金融市场演化模型的类比关系,而且基于这种类比关系,构建了金融市场演化模型的框架.

我们基于所提出来的金融市场原子模型,构建了金融市场演化的伊辛模型,其主要内容如下:

(1) 金融市场由 N 个市场原子构成,这 N 个市场原子之间的相互作用关系,可用一个二维网络结构表示.在此网络上的每个结点,代表一个市场原子,网络上的连线代表市场原子之间相互关联.

(2) 金融市场原子的自旋的两个状态,定义为"买"和"卖"两个交易操作,对于市场原子构成的网络上的"自旋"系统而言,信息能量算符 $\hat{X}$ 可以表达为如下形式:

$$\hat{X} = -\sum_{i=1}^{M}\sum_{j=1}^{N} J_{ij} \hat{S}_i \times \hat{S}_j - \sum_{i=1}^{N} I_i \hat{S}_i - \Gamma \sum_{i=1}^{N} \hat{S}_i \tag{5.18}$$

其中,$\hat{S}_i$ 是市场参与者选择算符,第一项为市场原子之间自旋相互作用项,J_{ij} 为耦合系数;第二项为外界环境信息对市场参与者的作用项,I_i 为信息场,可以是一个随机场或非随机场;第三项为"市场力"Γ("看不见的手")对所有市场参与者的作用项,调节交易策略的买卖决策.

(3) 由式(5.18),对网络上每个结点的自旋 S_i,所具有的信息能量 $X(S_j)$,可以表达为

$$X(S_j) = -\sum_i J_{ij} S_i S_j - I_j S_j - \Gamma S_j \tag{5.19}$$

在网络自旋系统的整个演化过程的每一步中,市场原子的自旋 S_i 都按照如下形式的概率分布,自适应地调整自旋状态:

$$P(S_j) = \frac{e^{-\frac{X(S_j)}{CT}}}{\sum_{S_j} e^{-\frac{X(S_j)}{CT}}} \tag{5.20}$$

其中,T 是市场温度(股票市场指数).同时,在式(5.19)中,第一项的求和中只考虑相邻网点的近场作用.

(4) 在金融市场中,市场参与者都在"最大化收益率和最小化风险函数"的效用边界上,得到最优结果.

利用我们构建的金融市场演化的伊辛模型,可以得到如下的结果:

① 若相邻结点的所有交易策略的交易操作为"买"时,信息能量算符是负数,对应于稳定态,类似于所有自旋向上排列时的铁磁性状态.当"市场原子"的价格超过某个上临界点时,市场不再做随机漫步而是发生剧烈波动,向上突破并且"跳跃"到市场的不稳定

态——"泡沫态",类似于当温度超过居里温度时,自旋向上的有序排列转变为无序排列,即由铁磁性状态转变为顺磁性状态.

② 若相邻格点的所有交易策略的交易操作为"卖"时,信息能量算符也是负数,对应于另一个稳定态,类似于所有自旋向下排列时的铁磁性状态.当"市场原子"的价格低于某个下临界点时,市场向下突破,"跳跃"到市场的另一个不稳定态"崩溃态".类似于当温度超过铁磁性居里温度时,自旋向下的有序排列转变为无序排列,即由铁磁性状态转变为顺磁性状态.

物质的铁磁性是基于量子交换作用而形成的一种量子效应.我们利用金融市场的伊辛模型,基于交易策略之间的交换信息能,所得到"买"或"卖"交易操作在网络上的有序或无序排列状态,及其相互转变的相变规律,本质上也属于量子效应.

5.3 金融市场演化过程的不确定性

在前面的各章节中,我们对于市场参与者的决策过程,以及市场的微观运行过程的不确定性,都已进行了阐述.在本节中,我们对金融市场从微观到宏观的状态和结构的演化过程的不确定性做进一步的阐述.

金融市场的宏观状态或结构的不确定性可利用如下几种方法定量表示.

(1) 我们定义金融市场的结构有序度 ρ 为

$$\rho = \frac{N_+ - N_-}{N_+ + N_-} \tag{5.21}$$

其中,N_+ 表示价格上涨的证券数目,或者在金融市场伊辛模型中,"自旋"向上的结点数目,即交易操作为"买"的数目;N_- 表示价格下跌的证券数目,或者"自旋"向下的结点数目,即交易操作为"卖"的数目.

市场的结构有序度 ρ 可有如下 3 种情况:

$$\rho = \begin{cases} 0: \text{市场完全无序}, N_+ = N_-, \text{市场做随机漫步} \\ 0 \sim 1: \text{市场不确定性}, N_+ > N_- \text{ 或 } N_- > N_+ \\ 1: \text{市场完全有序}, N_+ = 0 \text{ 或 } N_- = 0 \end{cases}$$

显然,真实市场的有序度介于 $\rho=0$ 和 $\rho=1$ 之间,即 $\rho=0$ 和 $\rho=1$ 的完全无序和完全有序的结构,只是真实市场两种极端情况.

(2) 开放的金融市场的总熵 dS 由市场内部熵 dS_i 和市场外部熵 dS_e 两部分组成，即

$$dS = dS_i + dS_e \tag{5.22}$$

熵增定理表明：一个封闭系统的熵将会不断增加，系统逐渐趋于无序．因此，d$S_i \geqslant 0$，总是增加的．一个系统为了保持自身的有序，必须不断地与外部环境交换信息和能量，从而成为一个开放系统．金融市场是一个开放系统，dS_e 表示市场与外部环境交换信息的外部熵，其值可正可负．我们定义股票市场指数，比如上证指数或道琼斯指数等，为金融市场的"温度" T．

若外部环境输入市场的信息能用 E_I 表示，则市场外部熵可表示为

$$dS_e = \frac{\Delta E_I}{T} \tag{5.23}$$

若市场中总共有 M 个证券，每个证券有 N 个可能的价格，则市场内部熵是市场中所有证券价格波动产生的信息熵的加总，即

$$dS_i = -\sum_i \sum_j |E_{ij}|^2 \log_2 |E_{ij}|^2 \tag{5.24}$$

其中，$|E_{ij}|^2$ 表示市场中第 i 个证券处于第 j 个可能的价格的概率．显然，对于市场中只有一种证券时，式(5.24)可写为

$$dS_i = -\sum_j |E_j|^2 \log_2 |E_j|^2 = -\sum_j p_j \log_2 p_j \tag{5.25}$$

其中，$p_j = |E_j|^2$ 表示此证券处于第 j 个可能结构的概率．由式(5.25)不难得到：若 $p_j = 1/N$，则 d$S_i = \log_2 N$，信息熵最大，相当于一个完全随机的有效市场；若 $p_j = 1$，则 d$S_i = 0$，信息熵最小，相当于一个完全确定的无效市场；只有当 $1/N < p_j < 1$ 时，才有 $0 < dS_i < \log_2 N$，相当于一个真实的不确定的市场．

外部熵可正可负．若外部熵为负时，会抵消部分内部熵，也就是说外部环境输入市场的信息会减少市场的不确定性，使市场趋于有序；当外部熵为正时，会使市场更加混乱．当外部熵非常小，即信息变化趋于零（$\Delta E_I \to 0$）时，市场的总熵近似等于内部熵，这时市场处于完全竞争及完全信息下的局部均衡状态，市场结构服从正态分布．

金融市场在大多数情况下处于随机漫步的局部均衡稳定态，但在外部环境不断输入信息的影响下，当市场股票指数超过某些"临界点"，市场结构就可能发生"相变"到非稳定态，最后市场再重新回到新的随机漫步的稳定态，即市场结构完成了一次"突变"．托姆的突变论的中心思想是：由于外界环境的干扰，当系统超过某个"临界点"后会从一个稳定态 A 突变到一个中间的不稳定态 C，再回到另一个稳定状态 B，即 $A \to C \to B$，

如图 5.5 所示.

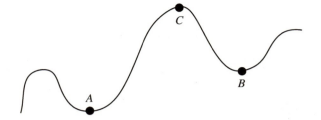

图 5.5 突变过程

市场与外部环境交换信息产生的"负熵"会减少市场内部结构的不确定性,当市场"温度"超过或低于某个"临界点",其市场会发生"相变",即市场开始"跳跃"."繁荣态"与"萧条态"是金融市场结构的两个稳定态,当市场突破"上临界点"就跃迁到不稳定的"泡沫态",市场突破"下临界点"就跃迁到不稳定的"崩溃态".由于外部环境输入信息不足以长时间维持市场结构完全稳定有序,市场结构很快会从不稳定的"泡沫态"或"崩溃态"转变成稳定的"繁荣态"或"萧条态".市场是一个开放的、远离平衡态的耗散系统,市场与外界环境不断交换信息,市场状态周而复始地从繁荣→泡沫→萧条→崩溃→繁荣周期循环,如图 5.6 所示.如果市场服从简单的正态分布,市场结构是不会发生相变的,只会在局部均衡附近做小的随机波动,正是由于市场是远离平衡的,所以市场结构分布是不确定的,市场才可能"跳跃"并发生"相变".在"临界点"附近,根据哈肯的自组织理论,市场在外界环境的"干扰"下会发生剧烈波动,市场参与者逐渐朝同一方向进行交易操作,并且这个过程不断加强,市场逐渐从无序结构趋向有序结构,当大多数市场参与者在同一方向上进行交易操作,即在同一方向上"共振"时,"市场激光"就形成了,此时市场不再随机漫步而是开始跳跃,从稳定态跳跃到非稳定态.我们认为正是由外部环境输入的信息引起金融市场结构发生突变产生了"尖峰厚尾"波动性聚集现象:市场停留在不稳定态比如"泡沫态"的时间非常短,波动剧烈、集中,然后剧烈波动消失,市场重新回到另一个稳定态比如"萧条态"之后出现长时间的随机漫步的小波动."市场力"这只"看不见的手"在大多数时间里"温柔"地对市场进行调节,但时不时一只悄然而至的"黑天鹅"会让"看不见的手"变得狂野,使市场剧烈波动,发生"跳跃".

(3) 除了上述两种定量表示金融市场状态或结构的不确定性之外,若用 Δt 表示市场演化的时间,ΔE_I 表示其间信息能的改变,则二者之间满足如下的不确定关系式:

$$\Delta t \cdot \Delta E_I \geqslant m \tag{5.26}$$

其中,m 为市场常数.上述不确定不等式表明在同一时刻,市场的信息能量与时间不能同时被精确确定,市场存在不可消除的"涨落",即存在"市场噪声".

当 $\Delta t \to 0$ 有 $\Delta E_I \to \infty$,即在演化初期,信息的不确定性非常大.

当 $\Delta t \to \infty$ 有 $\Delta E_I \to 0$,即演化时间非常长后,信息的不确定性减少.

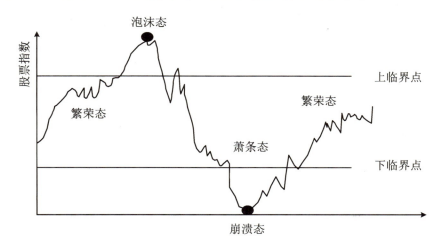

图 5.6 市场结构周期循环

这种理论类似于贝叶斯牧师的规则:人们通过决策初期不完全信息得到模糊的预判,即"先验概率",然后通过新的信息修正"先验概率",理论上 $\Delta t \to \infty$ 时,信息的不确定性完全消除,人们通过不断获得的新的信息得到一个比较确定的最后决策,即"后验概率".

到此,我们已完成了对金融市场三种不确定性的论述:市场参与者决策过程的不确定性、证券价值的不确定性、金融市场宏观状态或结构的不确定性.金融市场的运行是从不完全的信息出发,经市场参与者的决策,证券价格的决定,演化到宏观状态和结构的信息传播过程.因此,金融市场不确定性是来源于内外信息的不完全性.正是由于推动市场进行的信息的不完全性,才产生在市场运行的各个阶段的多种决策、多种价格和多种状态与结构,以不同的概率共存的不确定性状态.这些不同状态的叠加可以形成更加多样化和复杂的状态,使不确定性金融市场,比起完全有效或完全无效的金融市场,具有更强大的活力和更多的功能,也就是说,不确定性金融市场对环境的变化有更强的适应性,在其演化过程中可不断地涌现出新的状态和结构,不断发展金融市场的功能.具有不同概率的多种状态的叠加,形成更加多样化的复杂状态是金融市场固有的基本属性,这种基本属性与量子属性是一致的.从这个角度来看,金融市场不确定性的本质是量子不确定性.利用量子理论和信息论相结合的思想和方法,来研究金融市场不确定性的本质与作用是本书的核心思想.

第 6 章

演化算法的原理和方法

通过多年来大量的研究,人们已经发现:金融系统的演化过程非常类似于生物系统的进化过程,这种类似性主要表现在以下几个方面.

1. 群体演化

生物进化过程的主体不是单个生物个体,而是由大量生物个体所构成的群体,通常称为种群.所研究的基本问题是种群在内在相互作用和外部环境的双重作用下的进化问题.金融系统的演化过程的主体不是单个市场参与者,而是由大量市场参与者所构成的群体,所研究的基本问题也是群体内在相互作用和外部环境的双重作用下的演化问题.

2. 适应性

在生物进化过程中,个体是按照"适者生存"的法则而进化的,也就是说,生物个体为了求得生存和发展,必须不断地改变自身,以适应不断变化的外部环境.通常把生物个体的这种本能称为对环境的适应性,或简称为适应性.在金融系统中,市场参与者为了获得最大的收益,就必须不断调整交易策略,以适应不断变化的市场环境,即对市场环境的适应性.由此可见,适应性是生物系统进化和金融系统演化的驱动力.

3. 演化机制

在生物系统中,种群通过选择、交叉和变异等进化机制,不断从低等向高等进化和发展,在金融系统中,市场参与者群体,也是通过交易策略的选择、交互作用和重组等演化机制不断地演化和发展的.

4. 演化算法

生物系统的进化过程是基于一些进化机制的,这些进化机制是循序分步进行的并且相关联.因此,生物系统的进化是以过程为基础的,在进化的每一步中,都是由"当前状态"的综合因素,包括随机和不确定性因素,共同决定下一步.某个进化机制操作前后的状态之间的关系并不是由因果关系决定的,本质上是一种不确定性关系.在金融系统中,也是以一系列的演化机制操作为序分步进行的,并且每个演化操作之间也是相互关联的.演化操作前后的状态之间的关系,也是一种不确定性关系,而不是因果关系.由此可见,对于这种以离散的演化操作为序的不确定性过程,很难用确定性的动力学方程来描述,而是利用计算程序描述过程起始数据与演化结果数据之间的关联.也就是说,从计算角度来看,对于这种复杂演化过程的不确定性推理过程,就是一种"计算"过程,需要建立相应的演化算法.

综上所述,通过金融系统与生物系统演化过程的类似性的分析,可以表明:基于生物系统演化过程特性而建立起来的算法,可以用来描述金融系统的演化问题.1975年美国密歇根大学的约翰·霍兰德出版的《自然和人工系统的适应性》一书,首次提出"遗传算法"的概念.在本章中,我们着重介绍与金融系统相关的一些演化算法的基本原理和方法,其中包括:遗传算法、遗传规划算法、基因表达式编程算法和量子遗传算法.在第7章中,将进一步介绍我们把演化算法应用于金融系统所取得的成果.

6.1 遗传算法

遗传算法是借鉴生物系统进化原理而发展起来的求解复杂问题的方法,这是生物学与计算机科学相结合的产物.生物进化过程是一个优化过程,它通过自然选择、基因遗传和突然变异等进化机制,产生出适应环境变化的具有更强大生存能力的优良物种.遗传算法在求解问题时所采用的基本方法是从选定的一组初始解出发,通过不断迭代计算逐步改进当前解,直至最后搜索到问题的最优解或满意解.在迭代计算过程中,采用了模拟生物进化的选择、交叉和变异机制.因此,遗传算法在本质上是一种优化算法.遗传算法求解具体问题时,需要完成两方面的工作:问题的规范表述和迭代计算.问题的规范表述是指对问题所涉及的对象、性能和参量等进行表述,以便适应迭代计算过程所需要的规范形式,其中包括如下内容:

(1) 确定可行解的表示方法;

(2) 确定适应性度量方法;

(3) 确定遗传算子及其操作方法;

(4) 确定控制参数和变量;

(5) 确定结束运算的条件.

一旦这些准备工作都已完成后,就可以执行迭代计算.遗传算法中迭代计算的主要步骤如下:

(1) 随机产生一组问题的可行解作为初始群体;

(2) 计算群体中每个个体的适应值,作为其性能的评价;

(3) 运用选择、交叉和变异等遗传算子作用于群体,优化产生下一代群体;

(4) 判断新形成的群体是否满足问题的目标要求,或者是否已完成了预先确定的迭代次数等终止条件,不满意则返回到第二步,如此不断迭代计算,直至得到满足问题目标要求的解为止.

这种迭代计算的流程图如图 6.1 所示.

6.1.1　编码表示

遗传算法在求解实际问题时,首先必须把实际问题转化为适合遗传算法运行的形式,这种转化叫作编码,所给出的具体形式叫作编码表示.在遗传算法中,把实际问题的可行解定义为个体.通过编码,可以把个体表示为字符串的形式,字符串由一系列字符组成,每个字符都有特定的含义,反映所求解问题的某个特性.按照生物学术语,字符串相当于染色体,每个字符相当于基因.字符串具体形式的选取必须满足如下的基本要求:

(1) 字符串的具体形式要反映所求解问题的性质,也就是说,对于所给定的实际问题,所选取的字符串的形式要与问题可行解之间存在着相互对应的关系.

(2) 字符串的具体形式要适合于遗传算子进行操作,也就是说,对给定的实际问题,所选取的字符串的形式要与遗传算子之间存在着相互匹配的关系.

实际上,在设计遗传算法时,字符串的形式与遗传算子的设计要同时考虑.

1. 二进制编码表示

二进制编码表示是最基础的编码表示,它的应用范围非常广泛.在二进制编码表示中,字符串中的每个字符只取 0 或 1 两个数字.对于大多数实际问题,二进制编码表示,都能满足上述两个基本要求.现举两个典型的例子,说明把实际问题转化为二进制编码表示的具体方法.

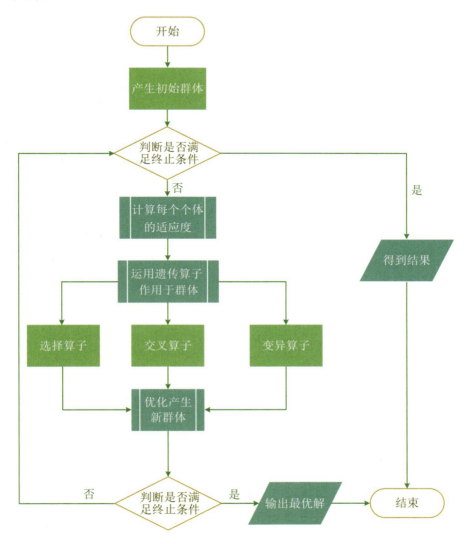

图 6.1　遗传算法流程图

例 6.1　经营决策问题中的编码表示.

假设某快餐店下设四个门市部,其经营方式可以有下述几个方案:

价格:每份快餐售价有 5 元和 10 元两种.

饮料:与快餐一起出售的饮料有酒和可乐两种.

服务方式:有侍者服务和自动售卖两种.

试问以何种价格、何种饮料及何种服务方式进行经营,才能获得最高的利润?

在这个经营决策问题中,需要考虑三个因素:价格、饮料种类和服务方式.这三个因素的每种组合,就是一种经营决策,在遗传算法中,一个个体表示为一种经营决策.三个因素可称为三个变量,则一个个体可以表示为三个变量的一种组合.这三个变量的取值,可用如下方式给出:

价格变量 x_1:用"0"表示 10 元/份,用"1"表示 5 元/份.

饮料变量 x_2:用"0"表示出售酒,用"1"表示出售可乐.

服务方式变量 x_3:用"0"表示侍者服务,用"1"表示自动售卖.

如果这三个变量的组合按照如下顺序排列:(x_1, x_2, x_3),则(011)字符串表示的经营决策是以 10 元/份的价格和自动售卖的经营方式出售可乐.如此,就把经营决策转化为二进制的字符串的编码表示.在表 6.1 中给出了四种经营决策的二进制编码表示.

表 6.1 四种经营决策的二进制编码表示

编号	x_1	x_2	x_3	编码表示
1	10	可乐	自动售卖	011
2	10	酒	自动售卖	001
3	5	可乐	侍者服务	110
4	10	可乐	侍者服务	010

这个经营决策问题是属于一种组合优化问题.此例表明:若组合优化所涉及变量只取 0 或 1 两个数值时,则可把变量的每种组合方式直接表达为二进制编码.字符串中所含有字符串的数目称为字符串的长度,可用 l 表示.在此类问题中字符串的长度等于所涉及的变量的数目.按照排列方法,长度为 l 的二进制字符串的总的排列数目为:$2 \times 2 \times \cdots \times 2 = 2^l$,在此例中,$l = 3$,则共有 $2^l = 8$ 种经营方式,在表 6.1 中只给出其中 4 种.

例 6.2 非线性优化问题中的编码表示.

在许多复杂问题中,所涉及多个变量之间的相互关系,可用非线性函数 $f(x_1, x_2, \cdots, x_n)$ 表达.所谓非线性优化问题就是指在变量满足一定的条件下,求非线性函数 $f(x_1, x_2, \cdots, x_n)$ 的极值问题.各种非线性规划问题属于这类性质的问题.现以如下最简单的非线性函数 $f(x)$ 为例,阐述利用遗传算法求解此问题时,如何用二进制编码来表示.

设 $f(x) = -x^2 + 2x + 0.5$,在边界条件为 $x \in [-1, 2]$ 的约束下,求此函数的极大值,即求 $\max f(x)$.在这个非线性优化问题中,只有一个变量 x,它的取值是 $[-1, 2]$ 区间上的实数.为了把此区间的实数编码表示为(01)二进制字符串,首先需要确定二进制字符串的长度 l.长度 l 依赖于变量定义域及计算所需的精度.若设定求解精度为 10^{-6},由于区间长度为 $2-(-1)=3$,则必须将闭区间 $[-1,2]$ 分为 3×10^6 个等长小区间,而每个小区间用一个二进制字符串表示.不难得到:$2\,097\,152=2^{21}<3\times 10^6<2^{22}=4\,194\,304$.如前所述,二进制字符串的总数目为 2^l,则可得到此问题在精度为 10^{-6} 的要求下,所需要的字符串 l 至少为22,也就是说,编码的二进制字符串至少需要22位0或1数字表示.通常把字符串 $(00\cdots 0)$ 和 $(11\cdots 1)$ 分别表示区间 $[-1,2]$ 的两个端值 -1 和2,则其他0和1的各种可能的排列方式,都对应区间 $[-1,2]$ 内的一个点.若用 $(b_{21},b_{20},\cdots,b_1,b_0)$ 代表这个二进制字符串,则在区间 $[-1,2]$ 上的实数 x 与二进制字符串之间,存在着如下的转换关系:

$$x = -1 + x'\frac{2-(-1)}{2^{22}-1} \tag{6.1}$$

其中

$$x' = \sum_{i=0}^{21} b_i \cdot 2^i \tag{6.2}$$

例如,对于二进制字符串(1000101110110101000111),由式(6.2)可计算出 $x'=2\,288\,967$,代入式(6.1)可得此二进制字符串所对应的实数 $x=0.677\,177$.

大多数的非线性优化的实际问题中,都涉及多个变量 $(x_1,x_2,\cdots,x_n)$,例如,设

$$f(x_1,x_2,x_3) = 1.5x_1^2 + 0.5x_2^2 + x_3^2 - x_1x_2 - 2x_1 + x_2x_3$$

约束条件为如下的边界条件:

$$-10.24 < x_1 < 10.23$$
$$-10.24 < x_2 < 10.23$$
$$-4 < x_3 < 3$$

并且 x_3 为整数.求解的问题是:求这些边界条件下的3个变量函数的极小值,即 $\min f(x_1,x_2,x_3)$.显然,按照 (x_1,x_2,x_3) 的排列顺序,对所有变量进行取值,所构成的组合,都是问题可行解.把这些可行解转变为二进制编码时,首先分别把 x_1,x_2,x_3 按照例6.1中的方法,转变为二进制编码表示,然后把 x_1,x_2 和 x_3 相应的二进制字符串,按照 (x_1,x_2,x_3) 的顺序连接在一起,就构成了 (x_1,x_2,x_3) 可行解相应的二进制字符串编码表示.从本例中的边界条件中可以看到:x_1 和 x_2 所要求的精度为0.001,则相应的二进制字符串的长度 $l=11$;x_3 所要求的精度为 $10^0=1$,则相应的二进制字符串的长度 $l=3$.如此,(x_1,x_2,x_3) 所对应的字符串的总长度 $l=25$,是用25个0或1的数字组成的二进

制编码表示.

2. 实数编码表示

利用遗传算法求解高维、高精度和高复杂性的实际问题中,由于二进制字符串非常长,并且字符串长度 l 在遗传运算过程中是固定不变的等缺点,结合具体问题的需要,发展了一些非二进制编码表示,其中实数编码表示和结构式编码表示,得到了越来越广泛的应用. 现在,举例说明实数编码表示,至于结构式编码表示在 6.2 节和 6.3 节中介绍.

例 6.3 旅行商的组合优化问题(TSP)中的编码表示.

设有 n 个城市,且已知各城市之间的距离或旅行费用,找一条不重复地走遍所有城市且距离最短或费用最低的旅行线路,这是一个典型的组合优化问题. 通常简称为 TSP 问题. 若用图论的数学语言,TSP 问题可表达为:设 $G(V, A)$ 是一个图,V 是 n 个顶点的集合,A 是所有边的集合,TSP 问题就是要找出一条经过所有顶点,正好一次且距离最短的路径.

目前已有很多求解 TSP 问题的近似解的算法,由于 TSP 问题与规模不断增大的输油管铺设、电路布线等重大工程技术问题密切相关,近来利用遗传算法求解此类问题,取得明显效果. 利用遗传算法求解 TSP 问题时,可采用的编码表示方法包括:近邻表示、次序表示、路径表示、矩阵表示和边表示等. 其中路径表示最直观. 现以 9 个城市为例,介绍 TSP 问题中路径表示方法. 它直接采用城市在路径中的相应位置来表示. 若路径表示成 9 个城市的一个排列,每个城市用实数 1,2,3,4,5,6,7,8,9 来表示相应位置,则如下的一种路径:

$$5—1—7—8—6—2—9—3—4$$

就可直接表示为(517862934)的字符串的形式. 显然,这种字符串就是一种用实数编码的字符串表示,它表达了 TSP 问题的一种可行解. 由 1~9 这 9 个整数排列成的无重复数字的各种字符串,都是 TSP 问题的各种可行解. 由此可见,利用上述直接编码的字符串形式与二进制编码形式相比,不但简单而且很直观地反映问题的性质. 因此,近年来利用遗传算法求解高维和高精度的复杂优化问题时,越来越多地使用实数编码表示.

综上所述,利用遗传算法求解实际问题时,通常把实际问题的所有可行解的集合称为个体空间或问题空间,通过编码得到的所有个体编码表示的集合称为编码空间. 因此,编码过程可定义为由问题空间向编码空间的映射. 这种映射必须满足的基本原则是:问题空间中的点(可行解)与编码空间的相应点(字符串表示)存在着相互对应关系. 在遗传算法中,编码是一项基础性的工作.

6.1.2 适应性度量方法

系统结构在环境作用下不断发生的改变,称为系统对环境的适应性.环境使系统结构发生改变的方式或手段,称为适应策略.例如,在生物系统中,生物细胞核中的染色体是系统的结构,染色体的变异和重组就是适应策略.在经济系统中,创造的产品和提供服务的组合是系统的结构,生产活动和经济政策就是适应策略.在人工智能的信息系统中,不同形态的知识是系统的结构,而知识获取和调整的规则就是适应策略.

在特定的环境(E)下,不同结构(A)的系统,所表现出来的不同的适应性,可用适应函数 $f_E(A)$ 来度量.利用具体形式的适应函数 $f_E(A)$ 所计算出来的适应值是系统对环境适应程度的绝对度量.对于不同的系统,系统对环境的适应值具有不同的含义.例如,生物系统的适应值表达了生物体在特定环境下的生存能力,经济系统的适应值表达了社会效用的大小,人工智能系统的适应值表达了推理过程和结论的有效程度.在遗传算法中,适应值是对实际问题可行解质量的评估.因此,适应函数 $f_E(A)$ 的具体形式,即适应值的计算方法,与所求解的实际问题的性质密切相关,现举例说明如下.

例 6.4 经营决策问题中的适应函数.

如前所述,每种经营决策是三个变量 x_1,x_2,x_3 的一种组合,并可用二进制编码表示为(011),(001),(110)和(010)等.如果在 4 个门市部分别执行这 4 种经营决策之一,那么,一周后,各个门市部所得到的盈利值,就可用来评估每种经营决策的质量.因此,在经营决策问题中每种经营决策的适应值,就是相应的盈利值.在此例中,适应值是通过盈利值的实际检测方法直接得到的.对于比较复杂的经营决策问题,需要得到盈利值与所涉及各种变量之间的经验关系,这种关系可用盈利函数 $g(x_1,x_2,\cdots,x_n)$ 表示,其中 $(x_1,x_2,\cdots,x_n)$ 是问题所涉及的各种变量.

例 6.5 非线性优化问题中的适应函数.

通常,把此类问题中的非线性函数 $f(x_1,x_2,\cdots,x_n)$ 称为目标函数.许多实际问题求解时,变量之间需满足一定的约束条件,用等式或不等式来表示,称为带约束的非线性优化问题.只有边界条件限制的非线性优化问题,称为无约束的非线性优化问题,此例即为无约束的非线性优化问题.

对于无约束的非线性优化问题,适应函数 $f_E(A)$ 可以直接用目标函数 $f(x)=-x^2+2x+0.5$ 来表达,函数在 $x\in[-1,2]$ 区间内的取值,有正值和负值,为了保证适应函数 $f_E(A)=f(x)$ 的适应值都为正值,可以利用如下的变换关系,把 $f(x)$ 变换为只取正值的 $F(x)$:

$$F(x) = \begin{cases} f(x) - F_{\min}, & f(x) - F_{\min} > 0 \\ 0, & 其他 \end{cases} \quad (6.3)$$

其中 $F_{\min}$ 可以是当代或最近代中 $F(x)$ 的最小值,也可以采用特定的输入值,例如,取 $F_{\min} = -1$,则 $f(x) = -1, F(x) = 0, f(x) = 1, F(x) = 2$,即用 $F(x)$ 计算的适应值都不取负值.

如果随机产生 4 个初始的可行解,其二进制编码表示如下:

(1) (1101011101001100011110);
(2) (1000011001010001000010);
(3) (0001100111010110000000);
(4) (0110101001101110010101).

把它们分别转化为相应精度的实数,则分别为

$$\begin{matrix} (1) & (2) & (3) & (4) \\ \{1.523\,032, & 0.574\,022, & -0.697\,235, & 0.247\,238\} \end{matrix}$$

把这些实数分别代入目标函数 $f(x)$ 中,可得到目标函数值为

$$\begin{matrix} (1) & (2) & (3) & (4) \\ \{1.226\,437, & 1.318\,543, & -1.280\,607, & 0.933\,350\} \end{matrix}$$

当取 $F_{\min} = -1$ 时,由式(6.3)就可计算出每个初始可行解所相应的适应值为

$$\begin{matrix} (1) & (2) & (3) & (4) \\ \{2.226\,437, & 2.318\,543, & 0, & 1.933\,350\} \end{matrix}$$

例 6.6 旅行商优化组合问题中的适应函数.

由于此类问题就是要决定一条通过所有城市且只有一次的最短距离的回路,因此,可以用城市之间的距离来评估作为可行解的每条路径的质量.设有 9 个城市 $(c_1, c_2, \cdots, c_9)$,相邻城市之间的距离用 $d(c_i, c_j)$ 表示,是已知的,若用 $[\pi(1), \pi(2), \cdots, \pi(9)]$ 表示 $(1, 2, \cdots, 9)$ 的一个置换,则经过每个城市正好一次的路径可表示为 $[c_{\pi(1)}, c_{\pi(2)}, \cdots, c_{\pi(9)}]$.每条路径相应的距离为

$$d = \sum_{i=1}^{8} d[c_{\pi(i)}, c_{\pi(i+1)}] + d[c_{\pi(9)}, c_{\pi(1)}] \quad (6.4)$$

利用式(6.4)计算出来的 d 的数值,就是满足问题要求的每条路径的适应值.

综上所述,在遗传算法中,适应值是用来评估群体中个体质量的标准,是进行自然选

择的唯一依据.因此,它是遗传算法进行过程的驱动力.在遗传算法中,适应性度量方法的设计,要从求解的实际问题的性质出发,给出适应性的具体含义,然后才能建立起对问题可行解质量的具体评估方法.适应性度量方法的设计,对于利用遗传算法求解复杂问题而言,是非常本质的工作.

6.1.3 遗传算子的设计及作用

遗传算法利用各种遗传算子产生新一代群体来实现群体的进化.遗传算子的设计是遗传算法中主要组成部分,它们的作用是调整和控制进化过程的基本手段,模拟生物进化过程中的繁殖、杂交和变异现象.标准遗传算法的遗传算子包括三种基本形式:选择(或称复制)、交叉(或称重组)和变异.

1. 选择算子

选择算子的作用是从当前群体中选择适应值高的个体,在其结构不发生任何变化的情况下,能够存活到下一代,也就是说,把当代群体中适应值高的个体复制到下一代群体中.

适应值比例选择方法是最基本的选择方法.在这种方法中,首先计算每个个体的适应值,然后计算出此适应值在群体适应值总和中所占的比例,把所得到的每个个体的适应值比例称为入选概率,成为选择的标准.若 $f[a_i(t)]$ 是个体 $a_i(t)$ 在 t 代的适应值,则其入选概率 $p_s[a_i(t)]$ 可表达为

$$p_s[a_i(t)] = \frac{f[a_i(t)]}{\sum_{j=1}^{N} f[a_j(t)]} \tag{6.5}$$

其中,N 是 t 代群体中个体的数目,计算完了入选概率后,淘汰入选概率最小的个体,并用入选概率最高的个体补入群体,从而得到与原群体大小相同的新群体.显然,在新的群体中,适应值高的个体的数目增多,这就反映出选择算子所产生的进化作用.例如,在经营决策问题中,初始群体由(011),(001),(110)和(010)4个个体组成.通过对其适应值的计算得到:(110)个体的入选概率 $p_s = 0.50$,最高,而(001)个体的入选概率 $p_s = 0.08$,最低.淘汰(001)个体,并用(110)个体替代它,从而形成一个新的群体:(011),(110),(110)和(010).初始群体的平均适应值 $\bar{f} = 3$,而通过选择算子作用后所形成的新的群体的平均适应值 $\bar{f} = 4.25$.此例具体地说明了选择算子所起到的进化作用.

2. 交叉算子

在生物进化过程中,交叉操作是将一对染色体上对应基因段进行交换(或称基因重

组),得到一对新的染色体的操作,其作用是将原有个体中的优良基因遗传给下一代个体,并生成包含更复杂基因结构的新个体.遗传算法中的交叉算子具有同样的含义和作用.一般地,在设计交叉算子时,可按如下步骤进行:

通常把经过选择算子作用后所得到的新的群体称为"交配池",首先,从交配池中随机地选取出一对个体,进行交叉.其次,若个体编码表示字符串的长度为 L,可以在 $[1,L-1]$ 的字符串位置上,随机地取一个或两个以上位置作为交叉位置,此交叉位置被称为交叉点.把交叉点分割开来的字符串的右边部分作为相互交换的部分,简称为交换字符段.最后,按照交叉概率 $p_c(0 < p_c \leqslant 1)$,一对交叉个体在交叉点处,相互交换各自的交换字符段.

交叉算子包含有单点交叉算子、两点交叉算子、多点交叉算子和均匀交叉算子等交换形式.单点交叉算子是使用最多的一种基础性的形式.一般地,可以把单点交叉算子描述如下:

(1) 从交配池中随机地选取两个字符串:

$$S_1 = (a_{11}a_{12}\cdots a_{1l_1} \mid a_{1l_2}\cdots a_{1L})$$
$$S_2 = (a_{21}a_{22}\cdots a_{2l_1} \mid a_{2l_2}\cdots a_{2L})$$

(2) 随机地选取一个交叉点 $x \in \{1,2,\cdots,L-1\}$,不妨设 $-l_1 \leqslant x \leqslant l_2$,如在上面字符串中直线所标的位置.

(3) 对两个字符串 S_1 和 S_2 中该交叉点右侧的字符串进行相互交换,从而产生两个新的字符串 S_1' 和 S_2',即

$$S_1' = (a_{11}a_{12}\cdots a_{1l_1} a_{2l_2}\cdots a_{2L})$$
$$S_2' = (a_{21}a_{22}\cdots a_{2l_1} a_{1l_2}\cdots a_{1L})$$

例如,在经营决策问题中,在"交配池"中选取 $S_1 = (011)$ 和 $S_2 = (110)$,S_1 和 S_2 为一对交叉个体.交叉位置取字符串的第二个字符位置处,则经过交叉操作后,得到一对新的个体:

$$S_1' = (010)$$
$$S_2' = (111)$$

如此,经过交叉算子作用后,产生出一个初始群体中没有的新的个体(111),而且它的适应值等于 7 为最高,这是一个盈利值最佳的经营决策.由此例可以看到:选择算子只是把群体中已有的最优良的个体选取出来,留给下一代,而交叉算子却可以产生出新的更优良的个体,丰富群体的多样性并起到进化的作用.

3. 变异算子

变异算子是模拟生物进化过程中染色体上某位基因发生突变现象,从而改变染色体的结构和性状.在遗传算法中,变异算子就是改变字符串编码表示中的某个字符或某个字符段,从而改变可行解个体编码表示的具体结构和性质.变异算子的作用是产生新的个体和增加群体多样性.

二进制变异算子是以一定的变异概率 p_m,把个体的二进制字符串编码表示的某一个字符进行补运算,即将 0 变成 1 或将 1 变成 0 的运算.

变异个体的选择以及变异位置的确定,都是采用随机方法实现的.首先,需要确定变异概率 p_m,p_m 较小,为 0.001~0.01,即在 1 000 个字符串中只有 1~10 个发生变异.其次,针对每个字符,在 [0,1] 之间产生三位有效数的均匀分布的随机 x_i.若取 $p_m = 0.008$,则凡是随机数 x_i 处于 0.008 所对应的字符,将发生变异.例如,有三个字符串长度 $l = 3$ 的个体,对应每个字符,依次产生 [0,1] 区间均匀分布的随机数 x_i,得到的结果是:个体 1 的第一个字符所对应的随机数 $x_i = 0.801$,第二个字符所对应的随机数 $x_i = 0.102$,等,只有个体 2 第三个字符所对应的随机数 $x_i = 0.005$,以及个体 3 的第 4 个字符所对应的随机数 $x_i = 0.001$,小于 $p_m = 0.008$.从而可以确定在这个群体中发生变异的个体和位置有个体 2 的第 3 个字符和个体 3 的第 4 个字符.

一般地,对确定的二进制字符串 $S = (a_1 a_2 \cdots a_n)$,若变异算子表示为 $0(p_m, x)$,在它的作用下可产生新的二进制字符串 $S' = (a'_1 a'_2 \cdots a'_L)$,则有

$$a'_i = \begin{cases} 1 - a_i, & \text{若 } x_i \leqslant p_m \\ a_i, & \text{否则} \end{cases}, \quad i \in \{1, 2, \cdots, L\} \tag{6.6}$$

其中,x_i 是对应于每一个字符串产生的均匀随机数变量,$x_i \in [0, 1]$.

综上所述,遗传算子的设计与实际问题的编码表示必须相互匹配,并同时进行考虑.遗传算子是进化过程的基本控制手段.遗传算子的作用,不但可以选择优良个体,而且可以产生新的个体,增加群体的多样性.

6.1.4 控制参数

在遗传算法运行过程中,存在着对性能产生重大影响的一组参数,这组参数在算法运行的初始阶段、运行过程中以及运行终止时,都需要合理地选择和控制,使遗传算法以最佳的搜索路径达到全局最优解.现对这组参数简述如下:

1. 初始群体规模 N

遗传算法是在可行解的群体上运行的,初始群体中的个体是随机产生的,或借助于问题领域知识确定的,初始群体中个体数目 N 越大,群体中个体的多样性越高,算法陷入局部解的危险性越小.但是,群体规模增大,计算量也显著增加.另外,若群体规模太小,算法的搜索空间受到限制,又可能发生过早收敛现象,因此,参数 N 要取值适当.

2. 字符串长度 l

字符串长度 l 的选取决定于特定问题解的精度,要求的精度越高,字符串越长,但需要更多的计算时间.因此,要从实际问题出发,做适当的选择.

3. 交叉概率 p_c

交叉概率 p_c 控制着交叉算子的使用频率.在每一代新的群体中,需要对 $p_c \times N$ 个个体进行交叉操作.p_c 越高,群体中新的个体的引入越快,但是优良个体被破坏也越快,若交叉概率越低,则可导致搜索停止不前.一般地,可选取 $p_c = 0.6 \sim 1.0$.

4. 变异概率 p_m

变异操作是保持群体多样性的有效手段,交叉操作后所形成的新的群体中,全部个体字符串上的每个字符串可按变异概率 p_m 而随机改变.因此,每代中大致可发生 $p_m \times N \times L$ 次变异.变异概率 p_m 过高,可使遗传算法搜索变成一般的随机搜索,而变异概率太低,又可能使某些字符过早丢失,信息无法恢复.一般地,可选取 $p_m = 0.005 \sim 0.01$.

5. 终止条件参数

在遗传算法中,遗传算子不断迭代执行,直到满足终止条件.最简单的终止条件可用两个参数表达:遗传算法执行迭代的数目、调用适应性函数的次数.对这两个参数的取值不能太小,否则,遗传算法不会有充足时间去搜索未知的空间.然而,参数取值过大,又会增大计算量.除了用上述两个参数限制执行时间,作为终止条件外,还可以用群体是否收敛来作为终止条件.例如,当连续几代内,最优个体的适应值都没有显著提高,变得较为稳定时,即可终止运算.

实际上,上述参数的选取与求解实际问题的类型有直接关系,不存在一组适用于所有问题的最佳参数值.随着问题特性的变化,有效参数的差异非常显著.在选择算法时,结合实际问题的性质,对控制参数的设定,是改善遗传算法性能的重要问题.

6.1.5 遗传算法的主要特点

遗传算法作为一种优化算法与传统的优化算法相比,具有如下的特点.

1. 智能式搜索

遗传算法的搜索策略,既不是盲目式的搜索,也不是穷举式的全面搜索,它是利用进化过程中所获得的适应值信息,自行组织搜索.遗传算法的这种自组织、自适应特征,同时也赋予了它具有根据环境的变化自动发现环境的特性的自学习能力.自组织、自适应和自学习能力是遗传算法具有智能性的重要特点.

2. 并行式算法

遗传算法是从初始群体出发,经过选择、交叉和变异等操作,产生一组新的群体.每次迭代计算,都是针对一组个体同时进行的,而不是针对某个个体进行的.由于采用这种并行计算机理,可以同时搜索解空间内的多个区域,搜索速度很快,以较少的计算获得较多的收益.

3. 全局最优解

遗传算法采用交叉和变异等特征,可以产生新的个体,扩大搜索范围.另外,遗传算法能同时在解空间的多个区域内进行搜索,并能以较大的概率跳出局部最优,从而可以搜索到全局最优解.

4. 随机搜索方法

在初始解生成,以及选择、交叉和变异等进化操作过程中,均采用了随机处理方法.在遗传算法进行过程中,事件发生与否,带有很大的不确定性.因此,在遗传算法中,使用随机性转移规则,而不是确定性规则.

5. 具有很强的稳健性

算法的稳健性是指在不同的条件和环境下,算法的适用性和有效性.遗传算法利用个体的适应值推动群体的进化,而不管实际求解问题本身的结构特征.另外,遗传算法在求解问题时,首先要选择编码表示方式,它直接处理的对象是变量的编码集,而不是问题的变量本身.因此,遗传算法的搜索过程不受优化对象性质的约束.比如,对连续性函数问题、离散问题以及函数关系不明确等复杂性问题,遗传算法都可以处理.遗传算法一旦用编码和适应值表示求解问题以后,整个运行过程是完全通用和有效的.因此,遗传算法有较强的并行性和易扩充性.

6.2 遗传规划算法

正如 6.1 节所述,遗传算法的基本原理具有很强的普适性,但是利用固定长度的字符串进行编码的方法,有着很大的局限性,很难用来描述具有层次性和结构化的复杂问题. 1989 年, Kozo 提出了一种结构化编码方法,扩大了遗传算法的应用范围,通常把这种新的遗传算法称为遗传规划. 在遗传规划中具体使用的编码方法是树状结构编码方法. 在计算机科学中,计算机程序可表示为一种树状结构的形式. 因此,Kozo 提出来的遗传规划算法,实质上是用具有层次性和结构化的计算机程序进行编码的方法. 利用这种编码求解复杂的实际问题的过程等价于在可能的计算机程序空间中进行搜索以找到适应性最好的计算机程序的过程. 由此可以看到,Kozo 是基于遗传算法的基本原理,发展出了一种求解复杂问题的计算机程序的自动设计方法,因此,也可把遗传规划算法称为遗传程序设计算法.

6.2.1 编码方法

在遗传规划中的个体的编码方法是分层结构化的程序树的形式. 与固定长度的字符串的编码方法不同,树状结构化编码在算法进行过程中,它的大小和形状都可以动态地改变.

一般来说,计算机程序是运算集 F 和数据集 T 复合而成的. 例如,计算 $f(x) = (x + 0.1 \times \sin 2x)/\cos x$ 的程序,用后缀运算符的表示方法,可写为如下字符串形式:

$$(2x * \sin 0.1 * x + x \cos /)$$

在计算机 Lisp 语言中,称此类表达式为 s 表达式. 还可以把此类表达式描述为树结构形式,如图 6.2 所示.

由此可以看到:程序中的运算集由图中非叶结点组成,即 $F = \{+, -, \times, \div, \cos, \sin\}$,程序中数据集由图中的叶结点组成,即 $T = \{2, 0.1, x\}$.

现以符号回归问题为例,阐述在遗传规划中结构化编码的具体方法. 符号回归问题是从给定输入和输出样本数据出发拟合出给定样本数据的函数形式,许多复杂问题,特别是金融系统的时间序列分析中的问题,都可以归结为这种符号回归问题. 现举一个简单例子如下:

某地若干年内某月份降雨量与预报因子的实测数据如表 6.2 所示. 要求解的问题是拟合出该地降雨量与预报因子之间的函数关系,以便于对以后的降雨量做出预测.

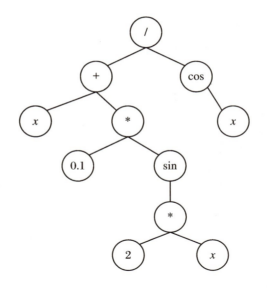

图 6.2 程序树示例图

表 6.2 某地若干年内某月份降雨量与预报因子实测数据统计

编号	1	2	3	4	5	6	7	8	9	10	11	12	13	14	15	16
预报因子	97	47	95	84	96	113	24	16	47	37	42	14	23	35	27	55
降雨量	34	17	28	25	31	52	8	6	14	7	13	3	14	10	9	36

利用遗传规划算法求解此问题时,首先需要对此问题的可行解进行编码表示. 由此问题的性质可知,可行解是某种 $y = f(x)$ 的具体函数形式,比如:

$$\begin{cases} y = A + Bx \\ y = Ae^{Bx} \\ y = A + B\log x \\ y = Ax^B = Ax \char`\^ B \end{cases} \quad (6.7)$$

在这些函数中,都包含着两类字符:一类是由变量 x 和常量 A、常量 B 表示的数据;另一类是算术运算、对数运算和指数运算等表示的运算操作. 显然,由这两类算符所表示的可行解,比只用数字表示的字符串形式,要复杂很多,对实际问题表达的能力也增强了很多. 如此表示的可行解本质上是求解此类问题的一种程序. 对于式(6.7)所表达的 4 个可行解的函数形式,也可以转换为程序树形式,如图 6.3 所示.

在此例中,程序的运算集 $F = \{+, \times, \exp, \log, \char`\^\}$,程序的数据集 $T = \{A, B, x\}$. 此例表明:用程序树对问题可行解进行编码表示,不但有层次性的结构,而且各种可行解有不同的长度和形状.因此,这种结构式编码表示比固定长度的二进制编码表示,更加适于求解结构复杂的问题,其应用范围更加广泛而深入.

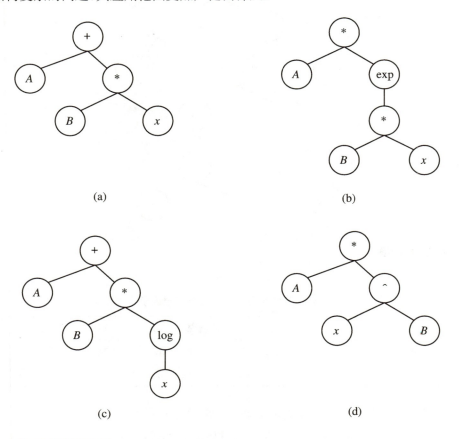

图 6.3 4 种可行解的树结构

6.2.2 确定初始结构的方法

在遗传规划算法的设计中,首先,要确定满足实际问题要求的运算集 F 和数据集 T,运算集 F 和数据集 T 的选择应该使其满足闭合性和充分性.闭合性要求运算集 F 中任一运算返回的任意值和数据类型,以及数据集 T 中任一叶结点的任意假定值和数据类型,都能作为运算集 F 中每个运算的自变量.充分性要求运算集 F 和数据集 T 的组合,可以保证提供表示问题的解.运算集 F 所包括的各类运算如下:

(1) 算术运算:$+,-,\times,\div$;

(2) 数学函数：sin, cos, exp, log；

(3) 布尔运算：AND, OR, NOT；

(4) 条件算子：If, Then, Else；

(5) 迭代算子：Do, Until；

(6) 递归函数；

(7) 任意其他特殊问题可定义的函数.

数据集 T 中包括常量和变量以及非显式自变量的函数.

确定满足实际问题需要的运算集 F 和数据集 T 以后，可以利用随机生成程序树的方法，产生初始结构. 随机程序的产生过程是运算集 F 中随机选择一个运算作为树根，然后按照运算符号性质要求，伸出相应的分支线，如此不断地进行下去，直至到达一个叶结点（端点）为止.

随机程序树的产生过程可以按几种不同的方法实现，从而得到具有不同大小和形状的初始随机程序树. 两种基本的产生初始随机树的方法分别称为"满"算法和"生长"算法.

6.2.3 适应性的度量方法

现以上述符号回归问题为例，阐述遗传规划算法中适应性的度量方法. 我们可把式(6.7)的 4 个函数表达式作为问题的 4 个初始的可行解. 描述问题的变量是预测因子 x，2 个常量是 A 和 B，降雨量 y 是计算机程序的返回值. 通过对常数 A 和 B 初始值的随机选取，可得

$$\begin{cases} 个体1: y_1 = -4.3 + 1.21x \\ 个体2: y_2 = 0.667 + \exp(0.071x) \\ 个体3: y_3 = -12.72 + 1.77 \times \log x \\ 个体4: y_4 = 1.242 \times x^{0.76} \end{cases} \quad (6.8)$$

由这 4 个可行解构成 $N=4$ 的初始群体.

每个个体的适应值取决于其逼近真实解的好坏程度. 若称由式(6.8)计算出来的数据为相应计算机程序的返回值，则降雨量 y 的返回值与实际值的误差的绝对值之和，可用来评估逼近其真实解的好坏程度的一种度量方法，也就是说，由其给出了适应值的具体数值. 此例表明：在符号回归问题中，可以把适应值定义为误差，即它是个体计算机程序返回值与实测值之差的绝对值的总和. 一般地，若用 $S(ij)$ 表示个体 i 在计算样本 j 下

的计算机程序返回值,$C(j)$为计算样本j的实测值,N_c为计算样本数目,那么对个体i的适应值$F(i)$,可由下式计算:

$$F(i) = \sum_{j=1}^{N_c} |S(ij) - C(j)| \qquad (6.9)$$

显然,用误差来定义适应值时,适应值的最佳值是越小越好,对于由式(6.8)表示的初始群体,利用式(6.9)所计算出来的每个个体的适应值,分别为

$$\begin{cases} F(1) = 753.280 \\ F(2) = 5\,123.380 \\ F(3) = 475.498 \\ F(4) = 118.518 \end{cases} \qquad (6.10)$$

由这些结果可以看到:个体4的适应值最佳,初始群体平均适应值为1 613.

6.2.4 选择算子

在符号回归问题的实例中,以式(6.8)表达的4个程序所构成的初始群体中,按照式(6.9)计算出来的每个个体所对应的适应值由式(6.10)表达的结果给出.由此结果可以看到个体2的适应值最差,个体4的适应值最佳.因此,采用淘汰掉个体2,并用个体4替代个体2的方法进行选择,从而得到新的群体为

$$\begin{cases} \text{个体}1: y_1 = -4.3 + 1.21x \\ \text{个体}2: y_2 = -12.72 + 1.77 \times \log x \\ \text{个体}3: y_3 = 1.242 \times x^{0.76} \\ \text{个体}4: y_4 = 1.242 \times x^{0.76} \end{cases} \qquad (6.11)$$

若把式(6.8)表达的初始群体称为0代群体,则可把经过选择作用后的式(6.11)表达的新的群体称为第一代群体.第一代群体各程序返回值与实测值的误差的绝对值之和,即适应值为

$$\begin{cases} F(1) = 753.280 \\ F(2) = 457.493 \\ F(3) = 118.518 \\ F(4) = 118.518 \end{cases} \qquad (6.12)$$

从这些数值中可以看到：不但许多个体的适应值改善较大，而且第一代群体的适应值的平均适应值为 327，比第 0 代群体的平均值 1 613 也有了很大改善，反映出选择算子的进化作用.

6.2.5 交叉算子

在符号回归问题的实例中，按照个体适应值越佳，进行交叉概率越大的规律，则可分别把选择算子作用后的第 1 代群体中的个体 2 和个体 3、个体 1 和个体 4 组成两对，进行交叉操作，如图 6.4 所示.

在两个程序树进行交叉操作时，是把相应的子树进行相互交叉，如图 6.4 中虚线所示的部分. 把交叉操作后所得到的新的程序树，转换为函数表达式后，则为

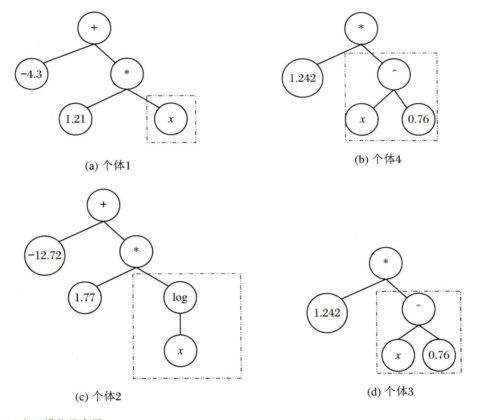

图 6.4 交叉操作示意图

$$\begin{cases} 个体1: y_1 = -4.3 + 1.21x^{0.76} \\ 个体2: y_2 = -12.72 + 1.77x^{0.76} \\ 个体3: y_3 = 1.242\log x \\ 个体4: y_4 = 1.242x \end{cases} \tag{6.13}$$

通过此例可以看到：如果双亲个体在求解问题时较为有效，那么它们的某些部分很可能有重要价值，这些有价值部分随机交换组合，就可能获得具有更佳适应值的新的个体，产生进化作用．

6.2.6　变异算子

在遗传规划中，变异算子的设计方法是：首先在程序树上随机选取一个结点作为变异点，变异点可以是树的内结点（即运算集），也可以是树的叶结点（即数据集）；然后删除掉变异点和变异点以下的子树，再用随机方式产生一棵新子树插入到该变异点处．在图 6.5 中，给出了一些变异算子设计的示例图，其中包括：

（1）原始树；

（2）运算结点变异算子：在原始树上随机地选择一个非叶结点，将其替换为运算集中选出的有相同元数的运算符，如图 6.5(b) 所示，用运算结点"－"替换原始树中的运算符"/"；

（3）叶结点变异算子：随机地选择一个叶结点，从数据集中选取一个新的数据，对其进行替换，如图 6.5(c) 所示，原始树中的"a"被"z"替换；

（4）交换变异算子：随机地选择一个运算结点，交换该结点的参数，如图 6.5(d) 所示，交换了运算结点"/"中的两个参数"a"和"z"的位置；

（5）生长变异算子：随机选择的叶结点被随机产生的一棵子树所替代，如图 6.5(e) 所示，即"3.4"叶结点，被一棵子树所替代；

（6）裁剪变异算子：随机地选择一个运算结点，用一个随机的数据叶结点替换它，即对程序树实行了剪枝操作，如图 6.5(f) 所示，运算结点"＊"的子树被剪掉，用"a"替换．

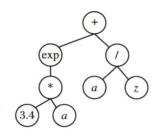

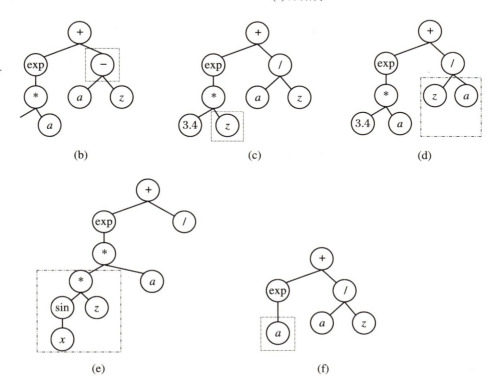

图 6.5 变异算子示例图

6.2.7 遗传规划算法的特点

遗传规划算法在计算机科学的发展中起到了两个重要作用：扩展了遗传算法及其应用领域；建立了计算机自动程序设计的新的原理和方法，并在许多科学技术领域得到了应用，其中包括在金融系统的应用．

遗传规划算法（GP）与传统的遗传算法（GA）相比较，具有如下的特点：GA 的字符串编码表示，具有固定的长度和结构，而 GP 树状结构式编码表示，无论大小和形状都是动态变化的．因此，GP 具有较强大的功能，适于解决层次化和结构化的复杂问题．

GP 作为一种遗传程序设计算法与其他机器学习等人工智能技术相比，具有并行计算和普适性的特点，也就是说，GP 在运行过程中，不需要专业领域的明确知识引导其搜索过程，无须通过形式逻辑推理方法与知识的方式，使计算机自动解决问题，而是具有普适性和自适应功能的自动寻优的程序．

6.3 基因表达式编程算法

2001 年，葡萄牙学者 Camdida Ferreira 在遗传算法和遗传规划算法的基础上，提出了基因表达式编程（Gene Expression Programming，简称 GEP）算法．在遗传算法 GA 中，个体被编码为固定长度的字符串，有利于进行交叉、变异等遗传操作，但其功能较简单，不利于解决层次性和结构性的复杂问题．在遗传规划算法 GP 中，个体被编码为大小和形状不同的树结构，具有较强的功能，能解决较为复杂的问题，但不利于进行遗传操作．在基因表达式编程算法 GEP 中，个体首先被编程为固定长度的字符串，然后又把其转换成不同大小和形状的树结构．因此，GEP 具备了 GA 和 GP 的双重特性：具有功能复杂性和容易进行遗传操作．由于 GEP 继承了 GA 和 GP 的优点，克服了 GA 和 GP 的弱点，成为演化算法发展史上新的里程碑，极大地扩展了演化算法的应用领域．

6.3.1 编码方法

在 GEP 中，个体首先被编码为一个或多个基因组成的固定长度的字符串，然后被转换为不同大小和形状的表达式树，即符号串和表达式树之间可以相互转换．

1. 基因编码方法

单个基因的编码是由运算集 F 和数据集 T 中选取的元素构成的字符串．单个基因由头部和尾部两部分组成，其中头部的元素从 F 和 T 中选取，而尾部元素只能从 T 中选取．若用 h 表示头部长度，用 t 表示尾部长度，则基因长度 n 为

$$n = h + t \tag{6.14}$$

对于求解的实际问题而言,头部长度 h 是由问题给出的,而尾部的长度 t 可由下式计算得到:

$$t = h \times (m-1) + 1 \tag{6.15}$$

其中,m 是运算集 F 中单个运算符具有的最大参数.比如对"$+,-,*,/$"运算,具有的最大参数 $m=2$.将式(6.14)和式(6.15)合并,基因长度 n 可由下式计算得到:

$$n = h \times m + 1 \tag{6.16}$$

在生物学上,一个公开解读密码 ORF 序列,或者基因编码的序列,开始于一个"起始"密码子,接着是一些氨基酸密码子,最后止于一个"终止"密码子.然而一个基因不仅仅包含各自的 ORF,还包含起始密码子之前的序列和终止密码子之后的序列.与此相类比,在 GEP 中的基因表达式就相当于生物学中基因序列的 ORF.现举例说明如下:

考虑由 $\{Q=\sqrt{\ }, \times, \div, +, -, a, b\}$ 构成的基因,若已知 $h=10$,由于 $m=2$,则由式(6.15)可计算出 $t=11$,由式(6.16)计算出 $n=21$,则可构成如图6.6所示的一个基因编码符号串:

```
0 1 2 3 4 5 6 7 8 9 0 1 2 3 4 5 6 7 8 9 0
+ Q - / b * a a Q b a a b a a b b a a a b
```

图6.6 基因编码字符串

把此基因编码字符串的起始点第 0 位字符串对应于表达式树的根,按照序列遍历的方法,从上到下,从左到右,可构造出如图6.7所示的表达式树.由图6.7可以看到:表达式树终止于基因字符串的第 10 位,它可称为有效编码区.其余的字符串称为非编码区域.显然,这个过程的逆过程,就可以把表达式树转换为相应的基因符号串形式.

在 GEP 算法中,单个基因编码字符串有固定长度,但由其转换出来的表达式树的大小是可以变化的.一般来说,表达式树的大小可以与基因编码字符串相等,也可以比基因字符串短.图6.7的基因表达式树只包括基因字符串的前 10 个字符,而其余的 11 个字符组成非编码区域.实际上,非编码区域在 GEP 运行过程中发挥着重要的作用.尽管这些字符没有参与表达式树中体现基因功能的作用,但是它们可以参与整个遗传操作过程,使遗传操作后所得的新的基因字符串始终满足问题可行解的要求.这是 GEP 比 GP 更加优越之处,因为在 GP 中,没有非编码区域储备的字符的帮助,对程序树进行遗传操作后所得到的新的程序树是否还有意义,并不明确.

综上所述,在 GEP 的基因编码方法中,基因编码字符串相当于生物学中的基因型,而基因表达式或基因表达树相当于生物学中的表现型,它体现基因的功能作用.非编码区域为 GEP 中遗传操作满足封闭性提供了保证.在 GEP 的设计中,对基因尾部长度 t 用式(6.15)计算,也正是为了提供足够的非编码区域中字符串的数量,以保证遗传操作运行的封闭性.

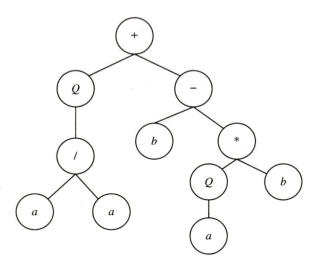

图 6.7 基因表达式树

2. 多基因编码方法

在 GEP 算法中,求解的实际问题用单个基因编码方法时,若基因编码字符串的长度太长,则 GEP 的搜索效率将很低,但是基因字符串长度太短,则其相应表达式树的复杂程度太低.为了解决这个矛盾,在 GEP 算法中引入了多个基因编码方法,这些基因之间的关系利用"＋""＊"等运算把它们相应的表达式树连接在一起,形成一个层次化的大小适中的表达式树.现举例如下.

例 6.7 若运算集 $F=\{+,-,*\}$,数据集 $T=\{a,b\}$,单个基因头部长度 $h=3$,则可由三个等长 $n=7$ 的基因,构成如下的多基因编码的字符串:

```
0 1 2 3 4 5 6    7 8 9 0 1 2 3    4 5 6 7 8 9 0
+ - a b a a b    - a * b a b b    * a b a a b a
```

其中三个基因所相应的表达式树如图 6.8(a),(b) 和 (c) 所示.若采用"＋"运算,把这三个子树连接在一起,则所形成的多基因表达式树,如图 6.8(d) 所示.

若采用"＊"运算,把这三个子树连接在一起,则所形成的多基因表达式树,具有图 6.8(d) 的形式,只是把相关的"＋"用"＊"替换.采用"＊"运算作为连接算法时,实质上属于一种"因子分解",即由三个基因子树作为"因子",通过相乘,构成多基因的表达式树,也就是说,把多基因的表达式树分解为三个子树因子.

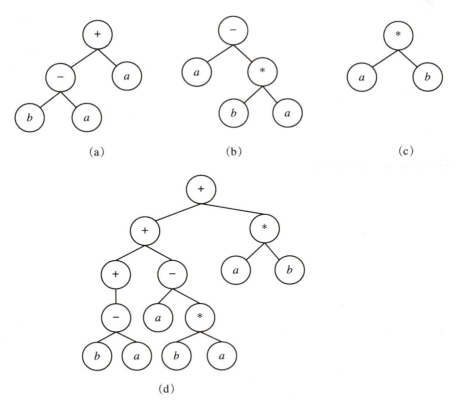

图 6.8　多基因编码示意图

例 6.8　由 3 个长度为 7 的基因 g_1, g_2, g_3, 2 个长度为 9 的基因 c_1, c_2, 以及 1 个长度为 7 的基因 r, 构成的多基因编码的字符串为

$$\underbrace{\overset{1234567}{*-*axby}}_{g_1} \underbrace{\overset{1234567}{**/yxzx}}_{g_2} \underbrace{\overset{1234567}{+/+yxzx}}_{g_3} \underbrace{\overset{123456789}{+*/g_1g_3ag_2x}}_{c_1} \underbrace{\overset{123456789}{**-+g_1g_2g_3g_2g_3}}_{c_2} \underbrace{\overset{1234567}{+-*c_1g_2c_2y}}_{r}$$

其中, 3 个长度为 7 的基因 g_1, g_2, g_3 相应的表达式树如图 6.9 所示.

基因 c_1, c_2 的表达式树如图 6.10 所示.

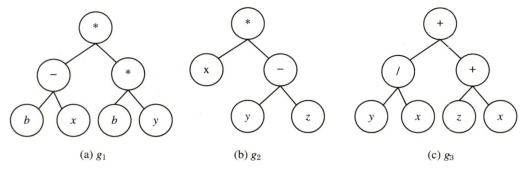

图 6.9　基因 g_1, g_2, g_3 的表达式树

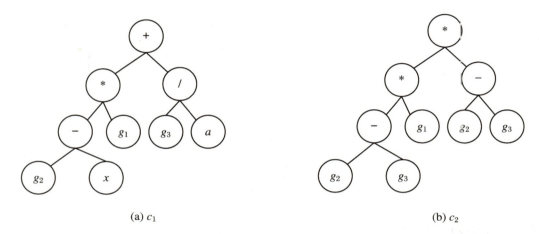

图 6.10　基因 c_1, c_2 的表达式树

基因 r 的表达式树,如图 6.11 所示.

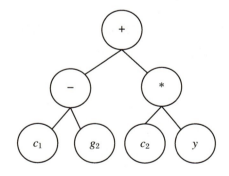

图 6.11　基因 r 的表达式树

由此例可以看到如下的特点：

（1）多基因编码的表达式树具有多层次的结构，在此例中有 3 个层次：最下层由 (g_1,g_2,g_3) 3 个基因组成，中层由 (c_1,c_2) 2 个基因组成，最上层由 1 个基因 r 组成.

（2）三个层次间存在着由下到上逐层调用关系，即中层的表达式树 (c_1,c_2) 的叶结点中包含着下层的基因 (g_1,g_2,g_3)，而上层的表达式树 r 的叶结点，既包含着下层的基因 (g_2)，又包含中层的基因 (c_1,c_2).

（3）不同的基因之间的连接不是由"＋""＊"等简单的算术运算完成的，而是由一定的程序来完成的. 若把最上层的表达式树看作一个主程序，则两个中层的表达式树可看作子程序.

由此例可以看到，多基因编码方法可用来描述非常复杂层次嵌套的结构化问题，有着强大的的功能和很高的效率.

6.3.2 适应性的度量方法

在 GEP 算法中，利用表达式树或表达式所计算得到的数据与实际观测数据之间的符合程度来度量其适应性. 如此的适应性度量方法与 GP 算法中的度量方法，本质上是相同的. 二者的不同在于：在 GP 中，是直接利用树结构编码相应的表达式进行计算，而在 GEP 中，首先要把基因型的字符串编码转换为相应的表达式树，然后再利用所得到的表达式树或相应的表达式进行计算，得到所需要的数据.

若用 $S(ij)$ 表示个体 i 在计算样本 j 下的相应表达式树所计算得到的数据，用 $C(j)$ 表示计算样本 j 的实测值，N_c 为样本数目，则对个体 i 的适应值 $F(i)$，如同 GP 中一样，可由下式计算：

$$F(i) = \sum_{j=1}^{N_c} |S(ij) - C(j)| \tag{6.17}$$

6.3.3 演化算子的设计与应用

在 GEP 算法中，除了遗传算法中的选择、交叉和变异等基本的遗传算子外，还有非常丰富的各种演化算子，从而使种群的多样性和进化能力更加强大. 在 GEP 算法运行时，各类算子是作用在基因编码的符号字符串上，变异可以发生在符号串的任何位置上，但是为了确保变异后的符号串是有意义的,即满足问题封闭性要求,在算子的设计中必须限定为变异发生在头部,可变成任何符号,即可以变成运算符或者数据符;变异若发生在尾部,则只能够变成数据符.各类算子作用在符号串后所产生的作用,可以通过其转换为相应表达式树后,才能够反映出来.对此,现举例说明如下:

考虑如下由 3 个基因编码的字符串:

$$
\begin{array}{l}
0\;1\;2\;3\;4\;5\;6\;7\;8\;0\;1\;2\;3\;4\;5\;6\;7\;8\;0\;1\;2\;3\;4\;5\;6\;7\;8 \\
-\;+\;-\;+\;a\;b\;a\;a\;a\;/\;b\;b\;/\;a\;b\;a\;b\;b\;*\;Q\;*\;1\;a\;a\;a\;b\;a \\
\uparrow\qquad\qquad\qquad\qquad\quad\uparrow\qquad\qquad\qquad\uparrow
\end{array}
$$

若设变异算子的作用为 1 号基因的第 0 位元素变成"Q"运算符,2 号基因的第 3 位元素变成"Q"运算符,3 号基因的第 1 位元素变成"b"字符,则上列的符号串变为如下形式:

$$
\begin{array}{l}
0\;1\;2\;3\;4\;5\;6\;7\;8\;0\;1\;2\;3\;4\;5\;6\;7\;8\;0\;1\;2\;3\;4\;5\;6\;7\;8 \\
Q\;+\;-\;+\;a\;b\;a\;a\;a\;/\;b\;b\;Q\;a\;b\;a\;b\;b\;*\;b\;*\;1\;a\;a\;a\;b\;a \\
\uparrow\qquad\qquad\qquad\qquad\quad\uparrow\qquad\qquad\qquad\uparrow
\end{array}
$$

变异算子作用前后所相应的表达式树,如图 6.12 所示.

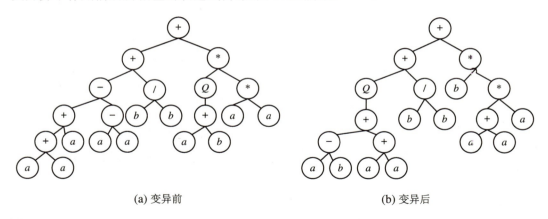

(a) 变异前　　　　　　　　　　(b) 变异后

图 6.12　变异前后表达式树

其中,三个基因的表达式树,是由"+"运算连接在一起的,由图 6.12 可以看到:变异后的表达式树与变异前的表达式树相比,发生了明显的变化,由其所计算出来的适应值会有明显差异.

在 GEP 算法中,存在有转位和插入的演化算子,它们在本质上属于变异算子.在这种演化算子中,可转位和插入的元素是基因符号串中的片段,主要有如下三种形式.

1. IS 变换

从任何基因组的符号串中随机选出一个片段作为 IS 变换的元素,然后将其插入到一个基因除起始位置以外的任何位置处,头中该位置以后的基因编码符号顺次往后移动相应长度,超出部分自动舍弃.例如,考虑如下的 3 基因符号串:

$$\begin{bmatrix} 0\,1\,2\,3\,4\,5\,6\,7\,8\,9\,0\,1\,2\,3\,4\,5\,6\,7\,8\,9\,0\,1\,2\,3\,4\,5\,6\,7\,8\,9\,0 \\ *\,-\,+\,*\,a\,-\,+\,a\,*\,b\,b\,a\,b\,b\,a\,a\,b\,a\,b\,a\,Q\,*\,*\,+\,a\,b\,Q\,b\,b\,a\,a \\ \,-\,-\,- \end{bmatrix}$$

若把基因 2 的片段"bba"选作一个 IS 元素,插入的目标位置放在基因 1 的第 6 个位置处,则从第 6 个位置开始截断,并把"bba"片段复制到插入位置,得到如下的新的基因组符号串:

$$\begin{bmatrix} 0\,1\,2\,3\,4\,5\,6\,7\,8\,9\,0\,1\,2\,3\,4\,5\,6\,7\,8\,9\,0\,1\,2\,3\,4\,5\,6\,7\,8\,9\,0 \\ *\,-\,+\,*\,a\,-\,b\,b\,a\,+\,b\,a\,b\,b\,a\,a\,b\,a\,b\,a\,Q\,*\,*\,+\,a\,b\,Q\,b\,b\,*\,a \\ \,-\,-\,- \end{bmatrix}$$

在变换过程中,插入位置之前的符号串序列保持不变,复制了 IS 元素之后的序列丢失,即序列"abb"被删除,以保持基因长度不变.通过这种变换后,能够明显地改变表达式树的大小和形状,而且插入位置越靠前,这种变化越大.

2. RIS 变换

在 RIS 变换中,选取的符号串的片段,必须要插入到基因的头部起始位置,则此片段的起始点必须是一个运算符.例如,考虑如下的 4 个基因编码的符号串:

$$\begin{bmatrix} 0\,1\,2\,3\,4\,5\,6\,7\,8\,9\,0\,1\,2\,3\,4\,5\,6\,7\,8\,9\,0\,0\,1\,2\,3\,4\,5\,6\,7\,8\,9\,0\,1\,2\,3\,4\,5\,6\,7\,8\,9\,0 \\ -\,b\,a\,*\,+\,-\,+\,-\,Q/\,a\,b\,a\,b\,a\,b\,b\,b\,a\,a\,Q\,*\,b/\,+\,b\,b\,a\,a\,b\,b\,a\,Q\,Q\,a\,a\,a\,a\,b\,b\,b \\ \,-\,-\,- \end{bmatrix}$$

若选取基因 3 中片段"+bb"作为 RIS 元素,然后插入基因 3 的起始位置处,则得到一个转位的 4 个基因编码的字符串:

$$\begin{bmatrix} 0\,1\,2\,3\,4\,5\,6\,7\,8\,9\,0\,1\,2\,3\,4\,5\,6\,7\,8\,9\,0\,0\,1\,2\,3\,4\,5\,6\,7\,8\,9\,0\,1\,2\,3\,4\,5\,6\,7\,8\,9\,0 \\ -\,b\,a\,*\,+\,-\,+\,-\,Q/\,a\,b\,a\,b\,a\,b\,b\,b\,a\,a\,Q+b\,b+b\,b\,a\,a\,b\,b\,a\,Q\,Q\,a\,a\,a\,a\,b\,b\,b \\ \,-\,-\,- \end{bmatrix}$$

由于在此 RIS 变换中,在相应的表达式树中,基因 3 的子树的根部进行了变换,则在变换后的转位的 4 个基因编码相应的表达式树发生了很大的改变.因此,RIS 变换具有很强的变形能力,为防止群体陷入局部最优解和更快地找到全局最优解,发挥明显作用.

3. 基因变换

在这种变换中,是把基因组中的某个基因整个地转位到基因组的开始位置处,然后在原始位置处的转位基因被删除掉. 例如,考虑如下的 3 个基因编码的字符串:

$$\begin{bmatrix} 0\,1\,2\,3\,4\,5\,6\,7\,8\,0\,1\,2\,3\,4\,5\,6\,7\,8\,0\,1\,2\,3\,4\,5\,6\,7\,8 \\ *\,a\,-\,*\,a\,b\,b\,a\,b\,-\,Q\,Q\,/\,a\,a\,a\,b\,b\,Q\,+\,a\,b\,a\,b\,a\,b\,b \\ \uparrow \qquad\qquad\qquad ------- \end{bmatrix}$$

若取基因 2 进行此种变换,则得到的转位后的 3 个基因编码的字符串为

$$\begin{bmatrix} 0\,1\,2\,3\,4\,5\,6\,7\,8\,0\,1\,2\,3\,4\,5\,6\,7\,8\,0\,1\,2\,3\,4\,5\,6\,7\,8 \\ -\,Q\,Q\,/\,a\,a\,a\,b\,b\,*\,a\,-\,*\,a\,b\,b\,a\,b\,Q\,+\,a\,b\,a\,b\,a\,b\,b \\ ------- \end{bmatrix}$$

在这种变换中,3 个基因各自相应的子表达式树没有改变. 若把这 3 个基因连接起来的运算符是"+"运算,则由整个表达式树计算出来的适应值,不会改变. 但是,若把这 3 个子树连接起来是比较复杂的运算,比如某个主程序,则由其所连接起来的整个表达式树计算出来的适应值,就会有所不同,甚至有很大变化. 因此,基因变换和连接运算联合使用,具备了对表达式树变形的能力.

在 GEP 算法中,除了上述的各种变异算子外,也存在类似于遗传算法中的交叉算子,称其为重组演化算子:随机选取两个父代基因组编码字符串,交叉点可取单点、两点等不同形式;按照规则相互交换部分字符串片段. 重组演化算子按交叉点区分,有如下三种形式.

1. 单点重组算子

在单点重组过程中,首先随机选取一个交叉点,然后两个父代基因组编码字符串在这个交叉点位置处截断,最后交换此交叉点以后的字符串部分,从而形成两个新的一代的基因组编码字符串.

2. 两点重组算子

在两点重组过程中,在随机地选取两个交叉点后,交换两个交叉点之间的字符串部分,从而形成两个子代字符串.

3. 基因重组算子

在基因重组过程中,首先在基因组中随机地选取被交换的基因,然后在两个父代基因组的相同位置上,整个地交换两个父代的基因. 新一代的两个基因组中,所包含的基因是来自两个父代现有基因的不同的组合.

6.3.4 基因表达式编程算法的特点

基因表达式编程算法与遗传算法和遗传规划算法相比较,具有如下主要特点:

(1) 在 GEP 算法中,同时使用固定长度字符串和表达式树两种编码形式.不但提高算法效率,而且强化了算法的功能,即遗传算子作用于字符串上,有利于提高效率,利用表达式树有利于扩大和提高其功能.两种编码形式之间有着对应关系,完全类似于生物学中的基因型和表现型之间的关系,是从不同角度描述事物的本质的.

(2) 在 GEP 算法中,利用多基因编码方法与遗传规划算法比较,更加方便、有效地描述较复杂且规模庞大的实际问题,也就是说,把非常庞大的树状结构,分解为多层次的相应嵌套的子树结构,非常适于发展复杂计算机程序的自动生成技术.

(3) 在 GEP 算法中,扩大了传统遗传算法中的变异算子和交叉算子的形式,即在多基因编码方法中,引入更多的变异算子和交叉算子,促进了种群的多样性和进化能力的进一步提高.

6.4 量子遗传算法

量子遗传算法是量子信息理论与遗传算法相结合而发展起来的一种新的演化算法.量子遗传算法由 Narayanan 和 Moove 于 1996 年正式提出,随后由 Han 等人加以发展,并在求解组合优化等问题时,得到了比传统遗传算法(GA)更好的效果,从而使量子遗传算法成为了演化算法发展中的一个新的热点.

量子遗传算法本质上依然属于遗传算法,也就是说,量子遗传算法是基于遗传算法的基本原理而发展起来的.但是,它与前面所述的遗传算法(GA)、遗传规划算法(GP)和基因表达式编程算法(GEP)有两点主要的不同:

(1) 无论是 GA,GP 还是 GEP,在个体编码中都是使用确定性的数字和符号,而在量子遗传算法中,采用量子比特位编码方法,使用概率幅,或称为量子概率,它是一种不确定性方法.

(2) 在量子遗传算法中,由于个体的状态处于量子叠加态,演化操作主要是将构造的量子门作用于量子叠加态的基态上,使其相互干涉,相位发生了改变,从而改变各基态的概率幅.量子门这种作用,可称为量子变异算子.

目前量子遗传算法已在组合优化问题、函数优化问题、自动控制和数字通信领域得到了应用.结合实际问题的需要,量子遗传算法已有了很大改进和发展.在本节中,我们着重阐述量子遗传算法的基本方法和特点.

6.4.1 量子比特编码方法

在量子遗传算法(QGA)中,使用一种基于量子比特的编码方法.用一对复数 α 和 β 定义一个量子比特位,一个量子比特位可能处于 $|1\rangle$ 或 $|0\rangle$ 两个本征态,或者处于 $|1\rangle$ 和 $|0\rangle$ 之间的中间态,因此一个量子比特位的状态 $|\Psi\rangle$ 可表示为

$$|\Psi\rangle = \alpha|0\rangle + \beta|1\rangle \tag{6.18}$$

其中,α 和 β 可以是复数,表示相应状态的概率幅,$|\alpha|^2$ 表示 $|0\rangle$ 的概率,$|\beta|^2$ 表示 $|1\rangle$ 的概率,且满足如下归一化条件:

$$|\alpha|^2 + |\beta|^2 = 1 \tag{6.19}$$

一般地,在量子遗传算法中,每个个体可用 m 个量子比特位进行编码,即用 m 对复数 α_i 和 β_i 来表示一个个体 q 如下:

$$q = \begin{bmatrix} \alpha_1 & \alpha_2 & \cdots & \alpha_m \\ \beta_1 & \beta_2 & \cdots & \beta_m \end{bmatrix} \tag{6.20}$$

其中

$$|\alpha_j|^2 + |\beta_j|^2 = 1, \quad j = 1, 2, \cdots, m \tag{6.21}$$

利用一个 m 量子比特位编码 q,不仅可以表示 2^m 个基态的信息,而且可以同时表示由此 2^m 个基态线性叠加给出的任意状态的信息,因此,量子比特编码有强大的信息容量,从而对于要求解的相同的实际问题,量子遗传算法所采用的种群大小比传统的遗传算法小很多.这是量子遗传算法在目前已有的演化算法中所具有的最大优势.现举例说明如下.

例 6.9 对于一个具体的 2 个量子比特位编码,q 的具体形式为

$$q = \begin{bmatrix} \dfrac{1}{\sqrt{2}} & \dfrac{1}{2} \\ \dfrac{1}{\sqrt{2}} & \dfrac{\sqrt{3}}{2} \end{bmatrix} \tag{6.22}$$

它所具有的 4 个基态是：$|00\rangle, |01\rangle, |10\rangle$ 和 $|11\rangle$。由这 4 个基态所构成的叠加态 $|\Psi\rangle$ 为

$$|\Psi\rangle = \frac{1}{2\sqrt{2}}|00\rangle + \frac{1}{2\sqrt{2}}|01\rangle + \frac{\sqrt{3}}{2\sqrt{2}}|10\rangle + \frac{\sqrt{3}}{2\sqrt{2}}|11\rangle \tag{6.23}$$

此式表明：系统处于 $|00\rangle, |01\rangle, |10\rangle$ 和 $|11\rangle$ 状态的概率分别为 $\frac{1}{8}, \frac{1}{8}, \frac{3}{8}, \frac{3}{8}$。此例表明：仅用 2 个量子比特编码，就可以表示 4 个基态及其叠加态的信息，而在传统的遗传算法中，要表达同样的信息，至少需要用 4 个个体 (00)，(01)，(10) 和 (11)。

例 6.10 对于一个具体的 3 个量子比特位编码，q 的具体形式为

$$q = \begin{bmatrix} \dfrac{1}{\sqrt{2}} & \dfrac{\sqrt{3}}{2} & \dfrac{1}{2} \\ \dfrac{1}{\sqrt{2}} & \dfrac{1}{2} & \dfrac{\sqrt{3}}{2} \end{bmatrix}$$

它所具有的 8 个基态是：$|000\rangle, |001\rangle, |010\rangle, |011\rangle, |100\rangle, |101\rangle, |110\rangle$ 和 $|111\rangle$。由这 8 个基态所构成的叠加态 $|\Psi\rangle$ 为

$$\begin{aligned}|\Psi\rangle = & \frac{\sqrt{3}}{4\sqrt{2}}|000\rangle + \frac{3}{4\sqrt{2}}|001\rangle + \frac{1}{4\sqrt{2}}|010\rangle + \frac{\sqrt{3}}{4\sqrt{2}}|011\rangle + \frac{\sqrt{3}}{4\sqrt{2}}|100\rangle \\ & + \frac{3}{4\sqrt{2}}|101\rangle + \frac{1}{4\sqrt{2}}|110\rangle + \frac{\sqrt{3}}{4\sqrt{3}}|111\rangle \end{aligned} \tag{6.24}$$

此式表明：状态 $|000\rangle, |001\rangle, |010\rangle, |011\rangle, |100\rangle, |101\rangle, |110\rangle$ 和 $|111\rangle$ 出现的概率分别是：$\frac{3}{32}, \frac{9}{32}, \frac{1}{32}, \frac{3}{32}, \frac{3}{32}, \frac{9}{32}, \frac{1}{32}, \frac{3}{32}$。此例再次表明：3 个量子比特编码就可以表示 8 个基态及其叠加态的信息。同时也可以看到，随着量子比特位 m 的增大，可同时表示的信息量非常快速地增大。

在量子遗传算法中，一个种群 Q 可由 n 个个体组成，即

$$Q = \{q_1, q_2, \cdots, q_n\} \tag{6.25}$$

其中，每个个体 q_n 可由式 (6.20) 形式的 m 个量子比特位编码表示。在量子遗传算法运行过程中，对于第 t 代的种群 $Q(t)$ 可表示为

$$Q(t) = \{q_1^t, q_2^t, \cdots, q_n^t\} \tag{6.26}$$

其中

$$q_i^t = \begin{bmatrix} \alpha_1^t & \alpha_2^t & \cdots & \alpha_m^t \\ \beta_1^t & \beta_2^t & \cdots & \beta_m^t \end{bmatrix} \tag{6.27}$$

对于 $t=0$ 时的初始群体 $Q(0)$,对于所有的 $\{\alpha_j^0,\beta_j^0\}$,都被初始化为 $\dfrac{1}{\sqrt{2}}$,即

$$q_i^0 = \begin{bmatrix} \dfrac{1}{\sqrt{2}} & \dfrac{1}{\sqrt{2}} & \cdots & \dfrac{1}{\sqrt{2}} \\ \dfrac{1}{\sqrt{2}} & \dfrac{1}{\sqrt{2}} & \cdots & \dfrac{1}{\sqrt{2}} \end{bmatrix} \tag{6.28}$$

则每个个体的状态 $|\Psi_{q_i^0}\rangle$ 都以相同的概率处于所有可能的 2^m 个基态的线性叠加态,即

$$|\Psi_{q_i^0}\rangle = \sum_{j=1}^{2^m} \frac{1}{\sqrt{2^m}} |x_j\rangle \tag{6.29}$$

其中,$x_j=(x_1,x_2,\cdots,x_m)$ 是二进制数串.

6.4.2 量子遗传算法中的进化机制

量子遗传算法通过选择操作和量子门变异操作实现进化.这与传统遗传算法中的选择操作和变异操作相比,具有一些新的特点,现在分别阐述如下.

(1) 在量子遗传算法中的选择操作与传统遗传算法一样,也是将当代的适应值较高的个体保留到下一代.但是,在量子遗传算法中,式(6.28)形式的量子比特编码是属于不确定性表示,不能直接代入实际问题所给出的确定性适应度函数进行计算,以得到确定的适应值.为此,就需要将这种不确定性的概率幅编码转换为可以计算适应值的确定性的二进制数串.从量子测量角度来看,这种转换过程本质上就是进行一种测量,由 $Q(t)$ 塌缩到二进制数串 $p(t)$ 的过程,二进制数串 $p(t)$ 可表示为

$$p(t) = \{x_1^t, x_2^t, \cdots, x_m^t\} \tag{6.30}$$

其中,x_i^t 是第 t 代长度等于 m 的二进制(0,1)数串.这种测量的具体方法是,随机地产生一个(0,1)之间的数 r_0,然后进行测量,若个体 q_i^t 的第 j 位的 $|\alpha_{ij}|>r$,则该位取"0",反之取 1.经过 $n\times m$ 次的这种测量之后,$Q(t)$ 就全部转换 $p(t)$.

(2) 我们阐述量子门变异操作所具有的特点.通过量子门变换矩阵可以实现种群的

更新.在量子遗传算法中,采用如下形式量子旋转门矩阵:

$$V(\theta) = \begin{bmatrix} \cos\theta & -\sin\theta \\ \sin\theta & \cos\theta \end{bmatrix} \quad (6.31)$$

其中,θ 是旋转角,由于概率幅 α_i,β_i 是复数.量子旋转门 $V(\theta)$ 是通过改变 α_i,β_i 中的相位角,而改变为 α'_j,β'_j,即

$$\begin{bmatrix} \alpha'_j \\ \beta'_j \end{bmatrix} = \begin{bmatrix} \cos\theta & -\sin\theta \\ \sin\theta & \cos\theta \end{bmatrix} \begin{bmatrix} \alpha_j \\ \beta_j \end{bmatrix} \quad (6.32)$$

量子旋转门示意图如图 6.13 所示.从此图可以看到,随着旋转角 θ 的变化,$|\alpha_j|$ 和 $|\beta_j|$ 是如何在 $(0,1)$ 之间变化的,以及相应 $|\alpha_j|^2$ 的变化.

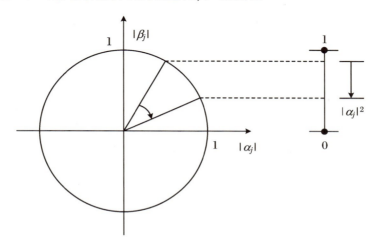

图 6.13 量子旋转门示意图

在各类演化算法中,都是由适应值来引导着演化的方向,即朝着使个体和群体的适应值不断增大的方向演化,产生进化作用.在量子遗传算法中,利用当前最优个体的适应值来引导旋转角大小和方向的选取,以确保个体和群体的适应值向着不断增大的方向演化,也就是说,在量子遗传算法中进化机理是当前最优个体与量子旋转门联合作用的结果.在这种联合作用下,可采取量子旋转门的旋转角大小和方向的调整策略,由表 6.3 给出.

在表 6.3 中,x_j 和 b_j 为当前个体和当前最优个体的第 j 位,$f(x)$ 为适应度函数,$\Delta\theta_j$ 为旋转角度,$s(\alpha_j,\beta_j)$ 为旋转角的方向.利用此表及图 6.13 量子旋转门的构造图,可以具体地确定量子旋转门的进化作用.例如,当 $x_j=0,b_j=1,f(x)\geqslant f(b)$ 时,为使当前解收敛到一个具有更高适应值的个体,应增大当前解取"0"的概率,即要使 $|\alpha_j|^2$ 变大.若

(α_i,β_i)在图 6.13 中的第 1,3 象限,θ 应向顺时针方向旋转,若(α_i,β_i)在第 2,4 象限,θ 应向逆时针方向旋转.

表 6.3 量子旋转门的调整策略

x_j	$f(x) \geqslant f(b)$	best_j	$\Delta\theta_j$	$s(\alpha_j,\beta_j)$			
				$\alpha_j\beta_j>0$	$\alpha_j\beta_j<0$	$\alpha_j=0$	$\beta_j=0$
0	0	false	0	0	0	0	0
0	0	true	0	0	0	0	0
0	1	false	0	0	0	0	0
0	1	true	0.05π	-1	$+1$	± 1	0
1	0	false	0.01π	-1	$+1$	± 1	0
1	0	true	0.025π	$+1$	-1	0	± 1
1	1	false	0.005π	$+1$	-1	0	± 1
1	1	true	0.025π	$+1$	-1	0	± 1

6.4.3 量子遗传算法的运行过程

综上所述,可以把量子遗传算法的运行过程归纳为如下主要步骤:

(1) 初始化种群 $Q(t)$;

(2) 由 $Q(t)$ 量子塌缩生成 $p(t)$;

(3) 计算 $p(t)$ 的适应值,进行选择操作:保留最优解;

(4) 停止条件判断:当满足时,输出当前最优个体,运行结束,否则继续;

(5) 更新 $Q(t)$,$t = t + 1$;

(6) 转到(2),进入循环运行过程,直到得到满意解为止.

从这个运行过程中可以看到,量子遗传算法与传统的遗传算法的运行过程,基本上相同,主要区别是增加了由 $Q(t)$ 更换为 $p(t)$ 的过程.正如前面所述,这是量子比特位编码属于不确定性编码所致;更新 $Q(t)$ 的过程,不是传统遗传算法中的交叉或变异操作,而是量子门变异操作,其进化作用是由当前最优个体与量子门联合实现的.

6.4.4 量子遗传算法的主要优势

量子遗传算法与传统遗传算法相比,最大特点是采用量子比特位编码方法.传统遗传算法中群体演化和并行计算等特性,在量子遗传算法中被进一步提升,因为 m 个量子比特位编码的个体就会有 2^m 个基态信息,而且还可进一步包含由 2^m 个基态线性叠加的各种可能状态.显然,这将极大地增加群体的多样性与并行计算能力.因此,尽管量子遗传算法还很不完美,应用范围也还有限,它的这种优势如同量子算法的优势一样,将会有更大的发展空间.

第 7 章

"量子交易员"期货智能交易系统

我们处于一个好的时代,一个变化的时代,一个充满机遇的时代.

我们正处于从互联网时代向人工智能时代的转变时期.

这是一个数据无所不在、信息驱动发展的新时代.

以蒸汽机为标志的第一次工业革命,使人类摆脱了手脚的重负;以发电机为标志的第二次工业革命,解除了人类对黑暗的恐惧;以计算机硬件及软件为标志的第三次工业革命,实现了人类在制造、服务、金融等行业的自动化;以智能机(大数据+人工智能)为标志的第四次工业革命,将实现人类各行各业自动化本身的自动化.

与以往三次工业革命不同的是,第四次工业革命将实现人类思维范式的转变,即从延续了几千年的机械思维到机器思维的转变.机械思维的核心思想是基于因果关系的推理,即先有原因再推出结果,前提假设是万物皆有原因并且从原因一定能推出结果,属于决定论思维范式;机器思维的核心思想是基于事物的内在相关性,从对数据的机器学习中发现规律,属于概率思维范式.

人类思维范式从机械思维到机器思维的转变是困难且极具挑战的.我们对世界的认知,因为机器思维的出现,正在发生本质的变化.自古以来,人类对世界的认知和对事物的解释,大多基于因果关系.对于许多不确定的复杂系统,因果关系已经无法给出解决方案,而机器思维为我们提供了解决问题的新方法.机器思维不是靠因果逻辑推理来解决不确定问题,而是靠机器学习,通过对数据的学习以及对人工智能算法的训练来构建预测模型,按照香农信息熵理论,数据中所包含的信息可以帮助我们消除不确定性,而数据之间的相关性可以帮助我们找到问题的答案,即使我们不知道原因.

古典主义经济理论基于牛顿的决定论,牛顿第二定律告诉我们只要知道物体所受的作用力及初始位置和初始速度,那么物体以后的运动轨迹就完全可以决定了,即找到原因便可推出结果.新古典主义的主观效用理论基于贝叶斯决策,即通过条件概率把事情的结果与原因联系起来,并根据新的信息不断调整条件概率,优化主观期望的结果.

$$P(原因|结果) = P(原因) \times P(结果|原因)/P(结果) \qquad (7.1)$$

贝叶斯决策过程实际上就是通过不断获取的新信息来推测一个事件发生的概率.当我们要对一个事情进行预期时,首先根据个人的知识和经验推断一个主观的先验概率,然后通过不断获取的新信息调整修正后验概率,从结果反推出原因.尽管贝叶斯决策过程通过新信息修正主观期望并对未来做预测,它还是基于因果关系的方法论,即试图从结果找到原因来消除不确定性,达到最小化风险同时最大化效用.贝叶斯主观决策过程实际上是在试图消除或降低风险而不是消除未来预期的不确定性.奈特在《风险、不确定性和利润》一书中区分了可测量的不确定性即风险和不可测量的不确定性.市场是复杂的,受内在的、不确定的因素影响,不可能通过结果找到原因,建立基于因果关系的数学模型来消除未来预期的不确定性注定是行不通的,市场的不确定性是不可测量的,因为测量过程会改变测量结果.所以我们需要放弃基于因果关系的机械思维,转换到数据驱动的机器思维,不必强求最大化主观期望,而是学习数据找到西蒙所说的"足够好"的解,而不必是"最优解".

西蒙在《人类活动的理性》一书中对主观期望效用模型总结如下:

> 主观期望效用模型共有四个主要组成部分,即基数效用函数、替代策略和完备集合、同每种策略相联系的未来事件状态的概率分布以及最大化期望效用的策略选择.

西蒙接下来展开了对主观期望效用模型的批判:

> 总体而言,主观期望效用模型假设决策能够对他面临的世间万物无所不知.他知道他所面临的所有替代选择——不仅了解当前的替代选择,而且熟知未来每一时

刻的替代选择.他对每一种可得选择或策略的后果的了解,至少能达到对世间万物的未来状态指定一个联合概率分布的程度.他能够协调或平衡相互冲突的所有价值观,并能够把它们合成一个单个的效用函数,并且,在该效用函数中,他能够借助自己的偏好,对世界万物的所有未来状态进行排序.

主观期望效用模型的机巧,看似一种能够弄清楚世间万物当前与未来状态的机制;不过,该模型充其量只能告诉我们如何对既定的事实和价值观进行推理,但对它们从何而来则什么都没说.一旦弄清楚了这些假设,我们就可以明确地认识到:主观期望效用理论从来就没有被应用于真实世界,它也永远不能够被应用于真实世界(即便借助于超级计算机).

当你进行某一具体决策时,无论它有多么重要,你都不可能对它在未来的具体详情了然于胸;未来的情况不仅包含概率分布,还取决于你决策时所做出的选择.

西蒙提出的解决方案是"有限理性",他写道:

我们有足够的理由做出这样的假设,即生物在进化过程中能够形成一种有限理性的能力.另有大量的心理学研究表明,人们往往会跟着感觉走,而这正是人类决策时(甚至在进行深思熟虑的决策时)所采用的决策模式.让我们把人类的这种决策模式称为"行为模型",人们在进行决策时没有必要在时间上无限追溯、在价值观上涵盖全部,也没有必要把选择中的每一个问题都与世间所有其他问题扯到一起.

关于生物进化,西蒙评论道:

生存,只不过是相对意义上的较适者生存,没有理由认为存在任何绝对意义上的最适者生存,也没有理由认为我们可以对什么是最优的适合度做出清晰的定义.

由此西蒙提出了著名的满意原则:

即便面对的不确定性并不是太大,"最优"行动方案也几乎是无望的.若价值观存在冲突(现实似乎总是如此),那么甚至任何定义"最优"也成了问题.不过,万事总有余地.如果我们接受满意原则,即需求足够好的方案而不是坚持最优的方案,那么不同观点的调解、不同价值观的加权就会变得相对容易一些.假如我们不是追求最优的完美主义者,那么我们就能够找到(通常也会找到)几乎人人容忍甚至许多人喜欢的行动方案.

基于我们的不确定性市场理论、演化算法及机器学习,我们自主研发了一套期货智能交易平台"量子交易员"."量子交易员"将基于我们提出的不确定性市场理论,并利用演化算法和机器学习找到西蒙所说的"足够好"的能够盈利的交易策略.本章接下来将从描述"量子交易员"的功能开始,介绍如何设计和开发"量子交易员"期货智能交易平台.

7.1 "量子交易员"的功能

"量子交易员"期货智能交易系统可以自动导入金融大数据,利用机器学习及人工智能算法对历史数据进行学习和分析,自动生成交易决策策略和自动完成交易下单,是具有交易管理、风险管理、资金管理和绩效评估等功能的全自动化期货交易平台.

主要功能有(如图 7.1 所示):
(1) 学习历史数据;
(2) 生成及优化交易策略;
(3) 检测交易策略(样本内、样本外及模拟实盘);
(4) 生成绩效图表;
(5) 实盘交易.

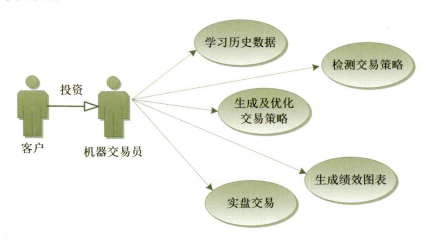

图 7.1　量子交易员功能图

机器学习的实质是利用海量的训练数据,来学习和发现规律和相关性,进而构建预测模型,提升分类、聚类或预测的准确性.

量子交易员的优势在于,它们具有强大的数据抓取能力、超快的计算能力、超强的记忆能力,通过机器学习自行分析和发掘市场规律,并据此自动生成最优交易策略.这既不同于计算速度有限、脑力有限的人类交易员,也不同于依赖传统技术指标和既有交易策略的程序化交易系统.

"量子交易员"可以录入不同证券的历史数据并加以"学习",通过不断的自组织、自适应、自主学习来"训练"人工智能算法,寻找规律及相关性,自动生成最优交易策略.有了我们的"量子交易员",投资人无须参与复杂的策略研究、策略生成(编程)、报单、盯盘操作就能完成期货投资,同时摆脱了因盈利而贪婪、因亏损而恐惧的人性弱点,不再受诸如"羊群效应"等影响.

这是一个一切以客户为中心的时代.

客户可以根据自己的需求(比如收益率、盈亏风险比等)设置"量子交易员"的参数,参数设置好后,"量子交易员"就成了客户的个性化的专属交易员,一个根据客户的特殊需求而量身打造的集数据分析、策略生成、报单盯市为一身的专业交易员.这个客户专属的交易员会不辞辛苦、毫无怨言、倾尽所能24小时不间断地工作,争取100%的客户满意度.

在交易时间里,"量子交易员"会自动监视、分析期货市场行情,根据交易决策引擎发出的买卖交易信号指令进行相应的操作,包括开仓、平仓、止损、止盈.在非交易时间里,"量子交易员"会学习历史数据、寻找规律及相关性,生成交易策略,并进行策略回测、绩效评估及优化.

交易时间:9:00~15:00和21:00~23:00.决策子系统:市场行情订阅、数据分析、开/平仓指令触发.交易子系统:报单(买卖)操作、风险管理、资金管理.

非交易时间:0:00~9:00、15:00~21:00和23:00~次日0:00.机器学习子系统:历史数据导入、历史数据学习、算法训练.决策子系统:交易策略生成、交易策略检测、交易策略评估.

7.2 "量子交易员"的分析及设计

在《软件开发的艺术》一书中,辛立志写道:

软件开发更像艺术而不是科学,更像工艺而不是工程技术.编程很容易,因为编程只是从定义好的规范中写代码.相反,软件开发是一个很难的事情,因为软件开发首先必须描述和定义问题.软件开发最难的部分不是如何构建软件,而是要弄明白你要构建什么样的软件.软件开发不仅仅是写代码,更是一个解决问题和决策的不确定过程.一般来说,软件开发,特别是软件设计,是一个不断进行决策的抽象过程.

软件开发是根据用户的需求应用开发者的技能去解决问题的艺术,并且是一个如下的迭代循环递增的过程:

(1) 了解开发者的开发技能和开发流程;
(2) 确定需求;
(3) 定义、分析和设计解决方案;
(4) 实现设计方案;
(5) 测试和监控进度.

开发软件面临的最大挑战是复杂性和不确定性,为了解决复杂的问题,要做的第一件事就是简化问题.事实上,软件开发只是一个将问题空间转化为解决空间的过程,我们可以遵循正常的问题解决过程来对付复杂性和不确定性:

(1) 分割:通过将大的系统划分为小的模块来简化问题;
(2) 抽象:通过从模型中删除不必要的属性来简化问题;
(3) 泛化:通过重用现有的模式和框架来简化问题.

"量子交易员"期货智能交易系统通过机器学习即学习数据(经验)、训练算法来建立预测模型,并对未来结果可能发生的概率做出决策和判断.

"量子交易员"主要由如下三个子系统组成(如图7.2所示):

(1) 机器学习子系统:学习历史数据、训练算法;
(2) 决策子系统:生成、检测、评估交易策略;
(3) 交易子系统:实盘交易/模拟实盘交易.

1. 机器学习子系统

市场参与者的决策过程由选择算符$\hat{S}$描述的决策方程式(3.22)决定.我们将综合机器学习和基于达尔文的遗传规划对决策方程近似求解,即找到"足够好"的解而不是"最优解".

机器学习的核心是"学习","学习"的词典定义如下:

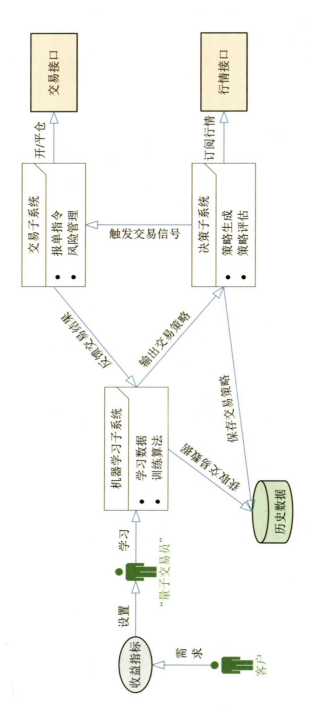

图7.2 "量子交易员"结构图

狭义:通过阅读、听讲、观察、理解、探索、实验等手段获得知识或技能的过程.

广义:人在生活过程中,通过获得经验而产生的行为或行为潜能的相对持久的适应性变化.

换句话说,学习是一种不断获取知识、积累经验、完善自我意识的行为方式.机器学习类似人的意识行为的模式:首先,感知即学习过去的历史数据;然后,根据当前的信息、知识和经验推断未来,即训练算法以便建立一个预测模型;最后,根据预测模型采取行动,做出决策.用新构建的决策模型,基于新的数据做决策或预测,以找到一个足够好的近似解.

机器学习框架如下:

(1) 学习历史数据;

(2) 训练算法;

(3) 建立决策模型.

为了学习数据,首先需要把第三方数据供应商提供的金融数据导入关系数据库,这可以通过一个数据导入程序定时每天完成,比如每天的凌晨3点导入数据.

金融数据的格式相对简单,一般由 K 线数据构成,例如下面的螺纹钢期货一分钟交易的 K 数据:

$$2009/3/27 9:00, 3620, 3662, 3583, 3662, 5322, 8376$$
$$2009/3/27 9:01, 3661, 3661, 3586, 3586, 6842, 11006$$

第一列:交易时间.

第二列:开盘价.

第三列:最高价.

第四列:最低价.

第五列:收盘价.

第六列:成交量.

第七列:持仓量.

对金融历史数据的学习由遗传算法和遗传规划完成,遗传算法是在达尔文的生物进化论基础上发展起来的.达尔文的进化论实际上是生物适应环境的自然选择学说.

主要内容为:

(1) 竞争:自然界的资源是有限的,为了获得有限的资源而生存,生物除了竞争别无选择;

(2) 选择:生物为了能在竞争中生存,必然需要适应弱肉强食的环境,适者生,不适

者死;

(3) 变异:为了不被自然选择淘汰,生物需要通过交叉和变异不断适应环境,优胜劣汰.

霍兰受到达尔文关于生物进化与遗传过程的启发在《自然界和人工系统的适应性》一书中介绍了遗传算法.遗传算法是一种进化算法,它模仿生物进化和遗传的过程,通过选择、交叉、变异等操作,一代一代不断循环执行同样的操作,逐渐搜索逼近全局最优解.从数学角度看,遗传算法是一种人工智能搜索算法,通过不断学习数据,重复执行选择、交叉、变异遗传操作,以适应度作为判别好坏的目标函数,逐渐搜索逼近全局最优解.适应度是遗传算法的核心,它指导遗传算法执行搜索操作,实现优胜劣汰.

遗传算法流程如下(如图 7.3 所示):

(1) 随机生成一个有 100~500 个体的初始种群;
(2) 计算种群中个体的适应度;
(3) 按照个体的适应度好坏选择进入下一代循环的个体;
(4) 根据交叉遗传概率选择种群中的个体进行交叉操作;
(5) 根据变异遗传概率选择种群中的个体进行变异操作;
(6) 如果不满足退出条件,转到步骤(2)继续;
(7) 满足退出条件,输出种群中适应度最优的个体作为近似解;
(8) 停止操作.

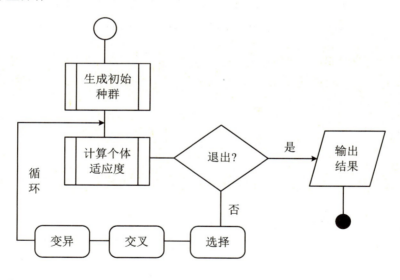

图 7.3 遗传算法流程图

退出条件表明搜索逼近最优解即可停止操作,不必是最优解.但是遗传算法是对字符串的操作,难免具有局限性,最大的问题就是不能很好描述具有复杂层次结构的问题.比如函数 $f(x) = a\sin x + b\cos x$,实际上可表示如图 7.4 所示的一个树状结构,特别是在函数表达式的形式未定、系数未定的情况下,遗传算法的字符串很难描述.正是为了克服遗传算法的诸多局限与不足,科扎在 1989 年提出了遗传规划.遗传规划基于结构描述方法,其实质是用结构化、层次化的计算机程序来描述问题.与遗传算法个体字符串的不同之处在于遗传规划直接用计算机程序表示个体,因此遗传规划的种群包括成千上万个由计算机程序组成的个体,通过不断选择、交叉、复制进化,优胜劣汰,逼近最优解.实际上遗传规划的实质是在成千上万由计算机程序构成的搜索空间中,找到一个具有最优适应度的计算机程序,计算机程序的结构空间映射了现实世界中的问题,特别是现实世界的问题具有的非线性、复杂性、不确定性的数学表达式或结构表达式.无须对输入有特别的确定的要求,遗传规划通过动态迭代来搜索最优解,选择输出的结果便是对问题自然描述的函数.具体来说,遗传规划的初始种群由随机生成的计算机程序个体组成,这些个体计算机程序又由变量和函数构成,比如 $f(x) = a\sin x + b\cos x$,x 是描述问题的变量,a,b 是待定的常数,描述问题的函数为标准的算术运算符"$+$,$-$,$\times$,$\div$"和三角函数如 $\sin x$,$\cos x$ 等,对数函数 $\log x$ 等.

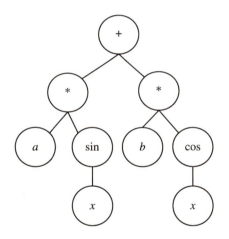

图 7.4　函数的树状结构图

遗传规划实际上是一种"黑箱"操作,只考虑输入和输出,并且对输入也没必须要求有确定的数学表达式,对什么原因产生了怎样的输出结果也不深究而且大多情况无法解释.金融市场是一个开放的、非线性的、复杂的系统,不确定性是市场的内在属性,用传统的因果决定论的方法研究市场往往并不奏效,而遗传规划是解决不确定的市场问题的强有力的工具.基于遗传规划的机器学习特别适合非线性、复杂的、不确定的金融市场系统.

利用遗传规划找到"足够好"能够盈利的交易策略的流程如下(如图7.5所示):

(1) 生成交易策略种群;

(2) 计算每个交易策略的收益率;

(3) 如果交易策略满足盈利要求,输出交易策略,终止迭代,搜索结束;

(4) 如果交易策略不满足要求,继续搜索,生成父代;

(5) 根据交叉与变异概率分别对父代进行交叉及变异操作;

(6) 生成子代,跳到步骤(2)继续迭代.

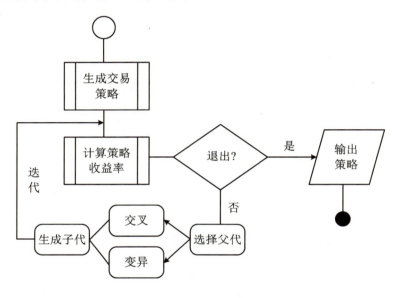

图 7.5　遗传规划流程图

2. 决策子系统

面对市场的变化,市场参与者基于信息做出买、卖、观望决策的交易策略即决策函数 $g(x)$ 由选择算符 $\hat{S}$ 描述的决策方程式(3.22)决定.人的大脑内部神秘的"价值尺度"在交易瞬间选择一个确定的决策"路径"的过程实际上是一个"黑箱"操作,是由市场内不确定性的本质决定的,不同于因果关系的决定论的"明箱"操作.假设所有信息已反映到市场价格中,当然真实市场信息不仅仅反映到价格中,还反映到成交量、持仓量、最高价、最低价等参量中,这里我们只在最简单的假设下认为市场状态的变化可由市场价格表示的函数 $f(x)$ 描述.市场价格函数的一阶微分 $f'(x)$ 可反映价格函数递增或递减,那么市场参与者的"买"或"卖"的决策行为可以映射到决策函数 $g(x)$ 上,这里 $f(x)$ 的微分表示市场价格的变化方向,交易策略 $g(x)$ 是市场参与者大脑中的"价值尺度"抽象的决策函数的映射,如图 7.6 所示,由本征方程式(7.2)决定:

$$\hat{S}g(x) = S_n g_n(x), \quad n = 1, 2, \cdots \tag{7.2}$$

得到的多个本征态 $g_n(x)$,即为不同的交易策略.

$$g(x) = f'(x) \begin{cases} > 0, & \text{单调递增,即价格上涨映射到"买"操作} \\ = 0, & \text{价格不变映射到观望操作} \\ < 0, & \text{单调递减,即价格下跌映射到"卖"操作} \end{cases}$$

$g(x)$ 是所有本征函数的叠加为

$$g(x) = \sum S_n g_n(x) \tag{7.3}$$

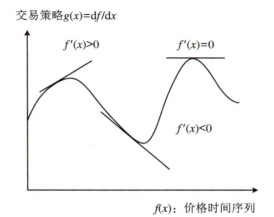

图 7.6 决策函数(交易策略)

随机生成的交易策略 $g(x)$ 作为初始种群,通过交叉及变异的多次迭代生成下一代改进的交易策略,交易策略通过学习历史数据,建立预测模型,做出买卖决策,每次进化迭代由收益率作为判别函数决定是否保留到下一代,最后生成一个逼近最优收益的"足够好"的交易策略 $g(x)$.适应度是交易策略决策选择的核心,通常由收益率或收益/最大回撤比作为衡量交易策略好坏的适应度来决定个体交易策略在进化过程中是继续繁殖还是自然消亡.

所谓遗传算法的选择是指以一定的概率随机地从种群中选择若干个个体.一般来说,选择过程是一种基于适应度的优胜劣汰的过程.遗传算法的选择程序通常采用轮盘赌选择和锦标赛选择.

轮盘赌选择的基本思想是每个个体被选中的概率与其适应度高低成正比,所以又称比例选择方法.

具体的编程流程如下:

(1) 计算出种群中每个个体的适应度 $f(x_i)(i=1,2,\cdots)$.

(2) 计算每个个体的选择概率:

$$p(x_i) = \frac{f(x_i)}{\sum_{j=1}^{N} f(x_j)} \tag{7.4}$$

(3) 计算累积概率:

$$q_i = \sum_{j=1}^{i} p(x_j) \tag{7.5}$$

(4) 随机地在区间[0,1]内产生一个数.

(5) 轮盘选择.

用 RAND( ) 函数随机地产生一个[0,1]之间的数,根据它所落的区间,相应地选择个体.

锦标赛选择算法的基本思想是从种群中取出一定数量的个体,然后根据适应度选择最优的个体进入子代种群.

具体的编程流程如下:

(1) 从种群中随机地等概率选择 N 个个体;

(2) 计算每个个体的适应度;

(3) 选择适应度值最好的个体进入下一代种群.

遗传算法的精髓在于随机选择,所以"量子交易员"采用随机地调用轮盘赌选择子程序和锦标赛选择子程序,随机进行选择,以尽量避免交易策略种群提前落入局部最优的陷阱.

3. 交易子系统

"量子交易员"交易子系统是在上海期货信息技术有限公司的综合交易平台(Comprehensive Transaction Platform,简称CTP)的基础上开发的,CTP 是为期货公司开发的一套期货经纪业务管理系统,由交易、风险控制和结算三大系统组成.其中,交易系统主要负责订单处理、行情转发及银期转账业务.综合交易平台公开并对外开放交易系统接口,使用该接口可以接收交易所的行情数据和执行交易指令.该接口采用开放接口(API)的方式接入,系统能够同时连通国内四家期货交易所,包括上期所、大商所、郑商所、中金所.

CTP通过交易接口(Trader API)实现与上期技术综合交易平台系统的对接,从而进行实盘交易.交易接口主要用于获取交易所行情和下达交易指令,如订阅行情、下单、撤单、预埋单、银期转账、信息查询等.CTP的交易接口通过期货交易数据交换协议(Futures Trading Data Exchange Protocol,简称FTD)与其下端交易客户端之间进行交易所需的数据交换和通信.

FTD协议涉及的通信模式有三种:

(1)对话通信模式是由客户端主动发起的通信请求.该请求被交易系统端接收和处理,并向客户端返回响应.如查询合约;

(2)私有通信模式是指交易系统端主动向某个特定的客户端发送信息.如报单回报;

(3)广播通信模式是指交易系统端主动向所有连接到系统上的客户端都发出相同的信息、如行情.

可以看到CTP架构是事件驱动的信息系统架构(Message System Architecture),对事件的响应通常由发布-订阅模式实现.发布-订阅模式是一种异步消息传输模式,其中信息的传播者称为发布者,信息的接收者称为订阅者.在这里发布者并不是把信息直接传播给某一个特定的订阅者,恰恰相反,发布者并不清楚每个订阅者的情况,发布者只需要发布信息即可.同样,订阅者也不必清楚所有发布者的情况,订阅者只需要接收自己感兴趣的信息即可.换句话说,发布者发布消息,订阅者接收消息.发布者与订阅者保持相对独立,不需要接触即可保证消息的传送.

图7.7是发布-订阅模式的静态图,图7.8是发布-订阅模式的动态交互图.

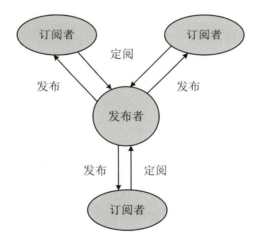

图7.7　发布-订阅模式静态图

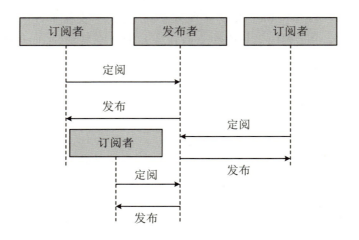

图 7.8 发布-订阅模式动态交互图

表 7.1 是 CTP 中几个与交易报单相关的事件请求及响应,例如合约价格查询、合约报单请求等.

表 7.1

消息	事件	说明
请求	ReqUserLogin	客户登录请求
响应	OnRspUserLogin	客户登录请求事件的响应
查询	ReqQryInstrument	查询合约价格请求
回应	OnRspQryInstrument	查询合约价格请求的回应
请求	ReqOrderInsert	请求报单
回报	OnRtnOrder	报单请求的状态回报
请求	SubscibeMarketData	请求订阅行情
回报	OnRtnDepthMarketData	返回行情信息,频率是每秒两次

UI 设计

用户界面是软件的门面,是客户直接与软件产品交互的最重要的部分,如果客户与软件产品交互过程中的体验不好,那么软件产品的重要功能就不能很好地实现.用户界面的设计应该遵从以下原理:

(1) 简单性:简单并且容易用;

(2) 一致性:用户界面整体要保持一致;

(3) 标准性:相同的用户界面标准.

几乎所有的商业软件都采用如图 7.9 所示的边框布局模式.

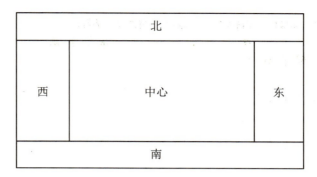

图 7.9　一般商业软件的边框布局

北界面：一般是菜单.

南界面：一般是版权信息.

西界面：一般是导航链接.

东界面：一般是设置区.

中心：一般是工作区，即软件的所有功能得到体现的地方.

"量子交易员"的用户界面也采用如图 7.10 所示的边框布局模式.

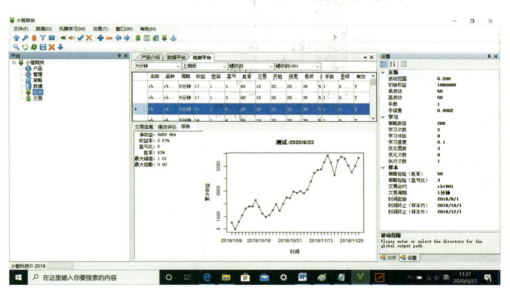

图 7.10　"量子交易员"用户界面的边框布局

"量子交易员"北界面是菜单和工具栏,如图7.11所示.

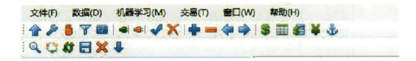

图7.11 "量子交易员"的北界面

东界面是设置区(如图7.12所示),客户可以根据各自不同的需求设置机器学习、交易等参数.

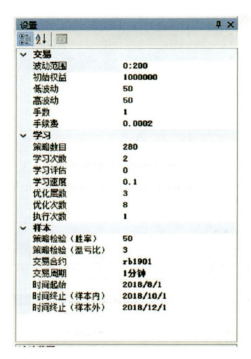

图7.12 "量子交易员"的东界面

西界面是导航链接(如图7.13所示),可以引导客户到期货产品管理、机器学习、实盘交易等不同的工作平台.

图 7.13 "量子交易员"的西界面

中心界面是"量子交易员"的工作区,图 7.14 显示的是交易策略检测平台.

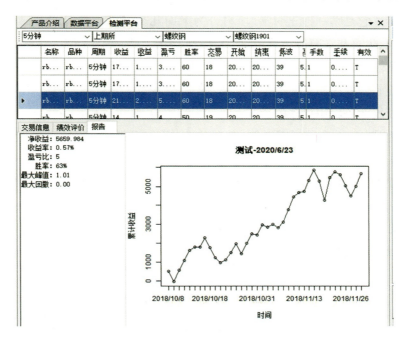

图 7.14 "量子交易员"的交易策略检测平台

7.3 "量子交易员"的实现

三明治做起来非常方便快捷,同时也很美味好吃,可以作为一顿很好的早餐或午餐.下面是做三明治的简单步骤:

(1) 选择面包,通常是白面包或小麦面包.

(2) 选择三明治的填料,不同的三明治在面包层之间会有不同的填料,通常三明治里面的东西决定了它是哪一种三明治.填料分为下面几类:牛肉、鸡肉或火腿等肉类,西红柿、黄瓜、青椒、生菜和洋葱等蔬菜类,切达干酪、瑞士干酪、美国干酪等奶制品类.

(3) 选择薯条或饮料.

开发商业软件就像做三明治.

下面是开发业务应用程序的步骤:

(1) 开发用户界面和数据库组件(类比于三明治的面包).

(2) 开发业务领域组件(类比于三明治的填料).

不同的业务应用程序将有不同的域.通常业务域决定它是什么类型的业务应用程序,例如,金融、保险、电商.

(3) 开发安全和集成组件(类比于薯条和饮料).

"量子交易员"是基于三明治开发流程实现的,如图 7.15 所示.

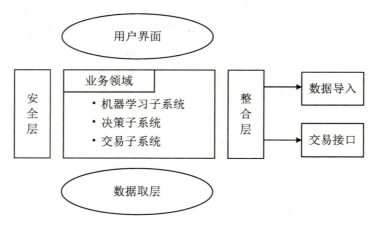

图 7.15 三明治开发流程图

软件开发某种程度上类似于亚当·斯密的劳动分工,用户界面、数据存取及最重要的业务领域组件也是需要不同领域的专家及程序员分工协作逐步完成的.原型开发法是一个非常有效的开发技术,帮助已经"分工"的开发人员之间沟通及理解客户的需求.关于软件开发,我们常听到"早失败,常失败",这正是原型开发法要达到的目的,因为这样就可以:

(1) 从错误中学习；

(2) 更好地与其他开发人员沟通；

(3) 做出更好的设计和开发的决策.

用户界面和数据存取的开发相对简单一些,这里就不多讨论了,下面将主要讨论"量子交易员"的业务领域的开发.

辛立志所著的《软件开发的艺术》一书中,详细介绍了元数据驱动的软件开发过程,其中心思想是将模型视为一个独立的个体,并使用某种代码生成技术来自动生成源代码,从而加快应用程序的开发.模型通过直接使用领域概念指定解决方案,优于直接编程.换句话说,模型用于提高抽象级别,隐藏复杂性和实现细节.

元数据驱动的软件开发的流程如下:

(1) 开发元数据模型；

(2) 开发用来生成源代码的模板；

(3) 生成源代码；

(4) 验证源代码；

(5) 重复以上步骤.

下面是针对"量子交易员"自动生成的一些源代码:

合约类

```
public class Instrument
{
    public string Product{get;set;}//产品
    public string Code{get;set;}//代码
    publi cstring Name{get;set;}//名字
    public int VolumeMultiple{get;set;}//杆杆
}
```

账户类

```
public class Account
{
    [
```

```
Category("用户"),
DisplayName("账号"),
Description("Please enter or select the directory for the global output path.")
]
public string UserId{get;set;}
[
Category("经纪商"),
DisplayName("账号"),
Description("Please enter or select the directory for the global output path.")
]
public string BrokerId{get;set;}
[
Category("用户"),
DisplayName("密码"),
Description("Please enter or select the directory for the global output path.")
]
public string Password{get;set;}
[
Category("经纪商"),
DisplayName("行情前置"),
Description("Please enter or select the directory for the global output path.")
]
publicstring MarketAddress{get;set;}
[
Category("经纪商"),
DisplayName("交易前置"),
Description("Please enter or select the directory for the global output path.")
]
```

```csharp
    public string TradeAddress{get;set;}
}
```

市场数据类(K 线)

```csharp
public class MarketData
{
    public string Name{get;set;}//合约
    public double Price{get;set;}//最新价
    public double Change{get;set;}//涨跌
    public string ChangePercent{get;set;}//涨跌幅
    public double Open{get;set;}//开盘价
    public double High{get;set;}//最高价
    public double Low{get;set;}//最低价
    public double Close{get;set;}//收盘价
    public int Volume{get;set;}//持仓量
    public double turnover{get;set;}//成交量
}
```

"量子交易员"最核心的两个类是:Trader(交易员)和 TradeEngine(交易引擎),它们负责学习历史数据,训练算法,建立决策模型,并进行实盘交易.图 7.16 是"量子交易员"核心类的结构图.

遗传算法由 Generation(进化)、Population(种群)、Individual(个体)三个类实现(如图 7.17 所示),下面是 Generation 类的部分源代码:

```csharp
public class Generation<T>
{
    //生成种群
    public Population<T> CreatePopulation()
    {
        Population<T> population = new Population<T>();
        population.Create();
        return population;
    }
    //训练和评估个体交易策略
    public void Evaluate(IRobot<T> robot,Population<T> population)
    {
```

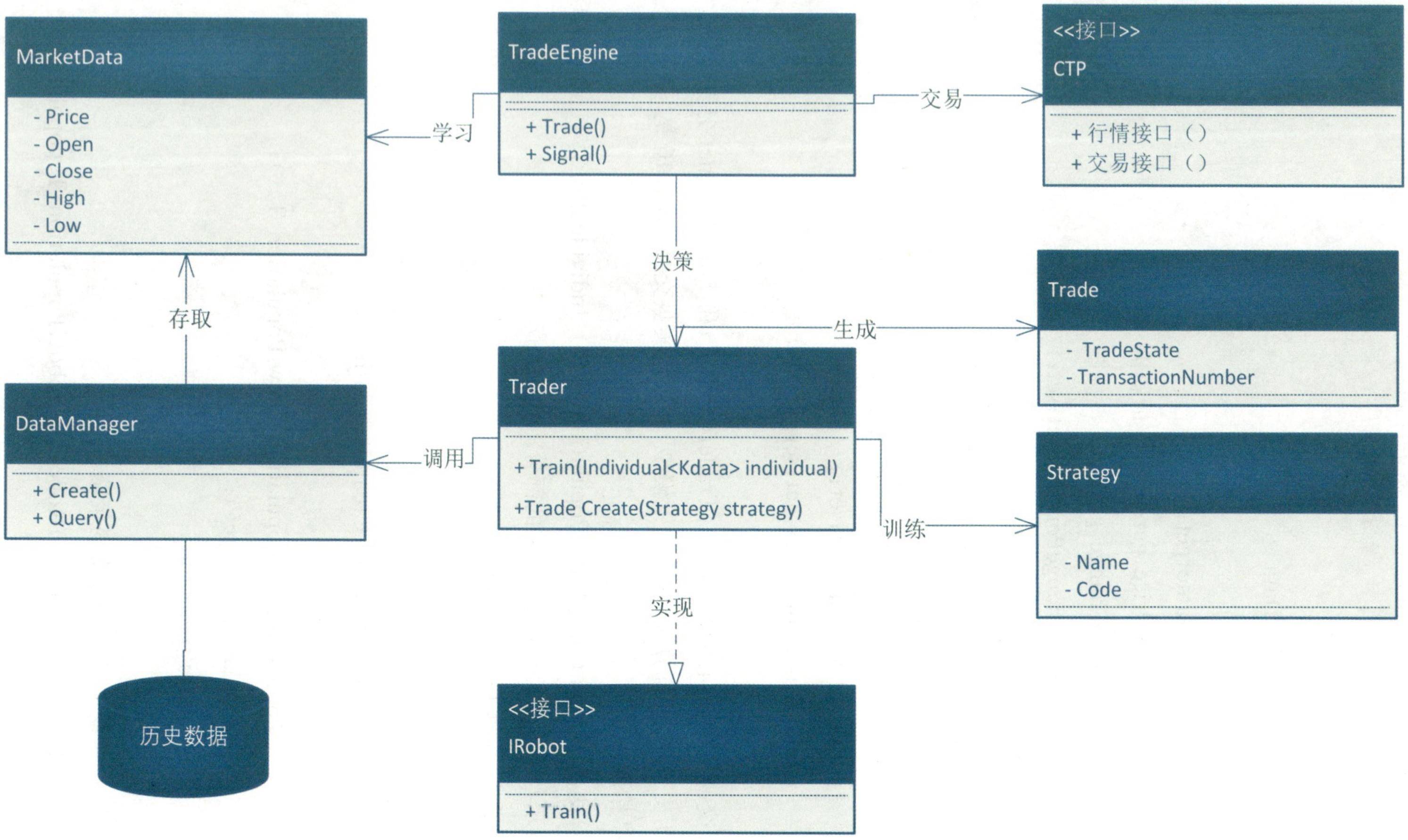

图7.16 交易平台类结构图

```csharp
        foreach(Individual<T> individual in population.Individuals)
        {
            //训练算法
            robot.Train(individual);
        }
        population.SetFitness();
    }
    //锦标赛选择
    private Individual<T> selectT(int size, Population<T> population)
    {
        Population<T> tournament = new Population<T>();
        population.Shuffle();
        for(int i = 0; i < size; i++)
        {
            tournament.Individuals.Add(population.Individuals[i]);
        }
        return tournament.GetFittest();
    }
    //轮盘赌选择
    private Individual<T> selectR(Population<T> population)
    {
        Individual<T> found = null;
        double wheelposition = R.Instance.RandomNumber(1,100) * 0.01
            * population.Fitness;
        double spinwheel = 0;
        foreach(Individual<T> individual in population.Individuals)
        {
            spinwheel += individual.Fitness;
            if(spinwheel >= wheelposition)
            {
                found = individual;
                break;
            }
```

```
            }
            return found;
        }
        //交叉
        public Population<T> Crossover(Population<T> population)
        {
            return newpopulation;
        }
        //变异
        public Population<T> Mutation(Population<T> population)
        {
            return newpopulation;
        }
    }
```

Population

+ List Individuals
+ double Fitness

+ Shuffle()
+ GetFittest()
+ SetFitness()

1..* 1..*

Individual

+ double Fitness

+ Copy()

Generation

+ Population<T> CreatePopulation()
+ Evaluate(Population<T> population)
+ Crossover(Population<T> population)
+ Mutation(Population<T> population)
- selectR(Population<T> population)

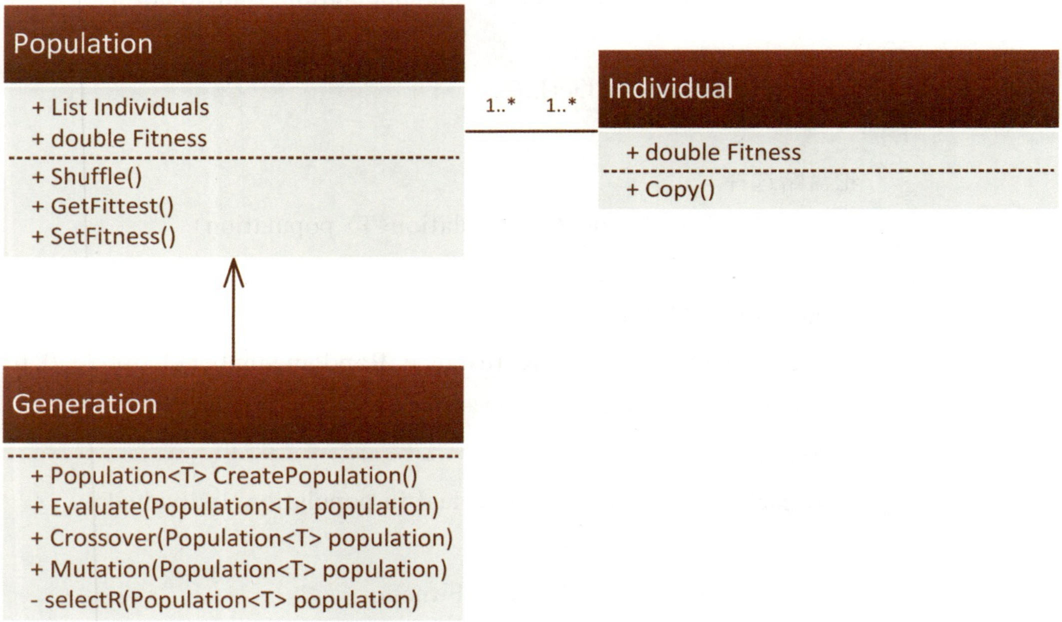

图 7.17　遗传算法类结构图

R 语言是一个非常好的开源绘图工具包,可以用来绘制蜡烛图和收益图,如图 7.18 所示.

图 7.18　螺纹钢 1 分钟 K 线图

下面是部分源代码:

```
REngine engine = REngine.GetInstance();
engine.Initialize();
string filename = "test";
string path = System.IO.Path.GetFullPath(filename);
engine.Evaluate(string.Format("png(file =´{0}´, bg =´{3}´, width = {1},
    height = {2})", filename, width, height, bg));
engine.Evaluate(Rcode);
engine.Evaluate("dev.off()");
```

7.4　交易结果

表 7.2 是进行机器学习需要设置的具体的参量,图 7.19 是遗传规划算法根据表 7.2 所设置的参量对历史数据进行机器学习后,生成的一个优化的交易策略在模拟期货市场的交易结果,螺纹钢收益率曲线由 R 语言绘制.

表 7.2 参量设置

参量	设置
适应度	收益率或收益/最大回撤比
输入变量集	收盘价,成交量,持仓量,最高价,最低价
算术运算符	$+,-,\times,\div,\sqrt{}$
标准数学函数	$\sin,\cos,\exp,\log$
布尔函数	AND,OR,NOT
条件表达式	If-Else-Then
循环表达式	Do-Untill
自定义表达式	$S_V = -\sum_i p_i \log_2 p_i$（价值信息熵）
训练数据集	K 线数据(1 分钟,3 分钟,5 分钟,15 分钟,30 分钟)

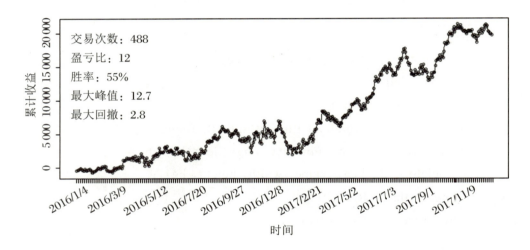

图 7.19 交易结果收益图

作为例子,输入变量只用了收盘价和持仓量,也只用了算术运算符和标准数学函数,图 7.20 是一个用遗传规划进化的"足够好"的交易策略树结构.

交易策略:$g(x,z) = \sin[\log(z * \cos\sqrt{x})]$

其中,z 是持仓量,x 是收盘价.

交易规则是:

开盘时,交易策略根据输入变量 K 线数据(收盘价、最高价、最低价)等待交易信号,决策函数大于零,则开仓买多;决策函数小于零,则开仓卖空;决策函数等于零,则观望不交易等待下一根 K 线数据.可同时设置止损或止盈,当有反转信号或触及止损/止盈线时,平仓之后等待下一个交易信号.

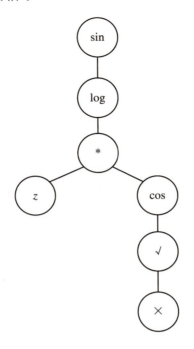

图 7.20 交易策略树结构

这个简单的交易策略(决策函数)的输入变量这里只用了 K 线数据的收盘价(x)和持仓量(z). 对真实市场可以加上其他输入变量,比如 K 线的最高价、最低价、成交量,公司基本面变量、技术图表变量(平均线、MACD 等)、重大事件随机变量、新闻等等. 函数集也可以加上更复杂的布尔函数、条件表达式、循环表达式及自定义的函数集.

结语

金融市场的状态随着时间演化所形成的时间序列具有非常复杂的波动性质,比如,股票价格和收益率的时间序列曲线.判别金融市场理论的科学价值和实际应用价值的最基本的标准是对产生金融市场复杂波动特性来源的认识是否正确,利用所构建的定量理论形式所预测的结果的准确程度如何.也就是说,金融市场理论的核心是对市场运行过程本质的理解和对未来的预测能力.我们在本书中提出了"不确定性金融市场"理论:第一,对金融市场运行过程的本质,提出了一种新的认识:由信息不完全所导致的市场运行过程的不确定性是产生市场复杂波动性的基本原因,也就是说,市场运行过程是信息驱动的不确定性过程;第二,利用量子理论、信息论和博弈论等相结合的方法构建了"不确定性金融市场"的定量理论形式,在此定量理论形式中,包括金融市场中不确定性的定量表达形式和不确定性推理方法;第三,利用所构建的"不确定性金融市场"理论与演化算法相结合的方法,开发了"量子交易员智能期货交易系统",在实际应用中,得到了较为准确的预测结果.

长期以来,在金融市场理论的创建和发展的过程中,需要不断探索的基本问题就是:金融市场的运行过程是否有规律可循?是什么性质的规律?人们曾认为金融市场也存在如"牛顿定律"一样的严格的确定性规律,市场波动性质是来源于外界的干扰.当人们进一步认识到市场波动性质是来源于市场内固有的随机因素后,提出金融市场运行过程所遵循的规律是统计性规律.许多"异常"金融现象被发现以来,利用金融市场的统计规律性难以理解和预测这些"异常"金融现象.人们从不同的角度对金融市场运行过程进行分析,对金融市场运行所遵循的基本规律,提出了不同的认识.我们基于在本书中对金融市场运行过程中不确定性的本质和作用深入研究,得出金融市场运行过程所遵循的基本规律是"不确定性规律"的结论.不确定性规律比确定性规律和统计规律,具有更丰富而深刻的内涵,具有更大的普适性,具有更广泛的应用领域.确定性规律是基于事物之间的决定性因果关系而建立起来的,通常表达为确定性的动力学方程形式.外界环境的作用通过边界条件而影响方程的解.利用确定性规律解决实际问题的推理过程,就是在给定初始条件和边界条件求解动力学方程的过程.统计性规律是基于事物之间的关联的完全随机而建立起来的,通常利用概率密度函数及其相应的随机动力学方程对其进行描述,外界环境的作用,也是通过边界条件或引入若干控制参量,来调控随机过程的.在不确定性规律中,事物之间的关联既不是完全决定性的因果关系,也不是完全随机性的关系,而是介于二者之间的复杂关系.外界环境的作用是通过与市场参与者之间直接进行信息的传播和交换实现的,而且外界环境与市场之间的关系是适应性的关系.因此,市场与环境的边界已是模糊性观念,不可能再用边界条件或外界控制参数来描述外界环境的作用,而是把环境与市场作为一个整体,在信息的驱动下进行演化.演化动力学过程,已不再可能表达为动力学方程的形式,而是表达为一种自组织、自学习的智能算法的形式,利用这种智能算法可实现微观到宏观性质的推理过程.综上所述,不确定性规律的本质是确定性和统计性规律的有机结合而形成的高层次规律性.

量子理论本质上是一种统计理论.比如,描述微观粒子状态的波函数 $\Psi(x,t)$ 只能给出它在空间位置上的概率分布,已知量子系统的波函数 $|\Psi\rangle$,也不能得到物理量算符 $\hat{A}$ 的确定值,只能给出 $\hat{A}$ 的平均值 $\bar{A}$ 等,同时,量子理论也是确定性理论,因为波函数 $\Psi(x,t)$ 所遵循的薛定谔方程是确定性方程.因此,量子理论就是把确定性规律和统计性规律有机结合起来的一种理论.正是因为量子理论这种双重属性,非常适合研究金融市场中的不确定性规律.但是,当我们把封闭系统上建立起来的传统的量子理论应用到金融市场不确定性规律的研究时,需要构建开放的智能粒子系统的量子理论方法.显然,这是量子理论发展中的一个重要科学问题.在这个科学问题的研究中,我们得到了如下两个结论:

1. 量子态波函数的智能演化算法

在传统的量子理论中,量子态波函数是由求解给定边界条件和初始条件下的确定性的薛定谔方程而得到的.在开放的智能粒子系统的量子理论中,量子态波函数由智能演化算法而得到.智能演化算法的主要步骤和机理是：

（1）根据实际问题可行解的特征,设计量子态波函数个体的编码表示,并设定群体的初始解.

（2）设计相关量子门的矩阵形式,并在量子门操作下,实现量子态波函数的转变.

（3）在演化过程中,按照"收益最大化"的准则调控演化的最佳途径和方向.

通过上述演化操作过程,系统的量子状态和结构,按照如下几种机理进行演化,并最终优化出最佳的状态和结构：

（1）在量子门的操作下,通过量子相干性机制,使各相关量子态的概率幅,呈现增大或减小等波动性的变化.

（2）在金融市场演化过程中,存在着各种类型的正负反馈机制,正反馈可导致放大效应,而负反馈可导致递减效应.正负反馈同时存在,共同作用,可产生复杂的波动效应,也可以说,交易这个"测量"过程会改变交易结果.

（3）将演化的群体的结构用复杂网络表示,所谓复杂网络是指既不是完全规则网络,也不是完全随机网络.比如,小世界网络和无标度网络等.网络上的结点表示个体,每个"边"表示个体之间相互作用.在演化过程中,网络上的动力学行为与网络的拓扑结构之间存在着相互耦合的机制,也就是说,当网络结点上的量子态发生变化时,在一定条件下,将引起网络拓扑结构的突然变化,或者说"相变".

综上所述,利用智能演化算法,不但可以优化系统的量子态波函数,而且有助于理解金融市场中演化过程中的"相变"行为和宏观时间序列的复杂波动性.

2. 量子密度算符的智能演化算法

在量子统计理论中,引入密度算符$\hat{\rho}$,描述量子系综的统计性质.利用密度算符$\hat{\rho}$,可以得到任何物理量算符$\hat{A}$的平均值,如式(2.32).密度算符$\hat{\rho}$随着时间的演化的动力学方程,具有式(2.32)的形式.在传统量子统计理论中,是通过求解式(2.32)确定性方程,得到密度算符$\hat{\rho}$的具体形式,在开放的智能粒子的系统中,量子密度算符$\hat{\rho}$也可以利用智能演化算法而得到.由于量子密度算符$\hat{\rho}$是表达为式(2.25)的形式,即由量子态波函数定义的,因此,我们可以采用类似于量子态波函数的编码表示,来直接设计量子态密度算符的编码表示.利用上述的智能演化算法所得到量子态密度算符是通过优化过程而得到的.显然,这是对量子理论方法的发展.

不确定性是客观世界的基本属性.本书是以金融市场作为具体对象,利用量子理论与信息科学相结合的方法,研究不确定性的本质和作用.本书阐述的金融市场的不确定性规律与智能演化算法,对于进一步理解经济和社会演化过程中的不确定性的本质和作用也将发挥重要作用.

参考文献

［1］ BAAQUIE. Quantum Finance：Path Integrals and Hamiltonians for Options and Interest Rates［M］.Cambridge：Cambridge University Press，2004.

［2］ MANTEGNA R N. An Introduction to Econophysics：Correlations and Complexity in Finance［M］.Cambridge：Cambridge University Press，2000.

［3］ SCHADEN M. Quantum Finance［J］.Physica A，2002(316)：511-538.

［4］ ORRELL D. Quantum Economics：The New Science of Money［M］.London：Icon Books，2016.

［5］ ATAULLAH A，DAVIDSON L，TIPPETT M. A Wave Function for Stock Market Returns［J］.Physica A，2009(388)：455-461.

［6］ BAGARELLO F. An Operatorial Approach to Stock Markets［J］.Journal of Physics A，2006(39)：6823-6840.

［7］ OHWADUA E O，EMMANUEL O，OGUNFIDITIMI F O. A Quantum Finance Model for Technical Analysis in the Stock Market［J］.International Journal of Engineering，2018(7)：7-12.

[8] BENNETT C H, DIVINCENZO D P. Quantum Information and Computation [J]. Nature, 2000(404): 247-255.

[9] BENNETT C H, SHOR P W. Quantum Information Theory[J]. IEEE Transations on Information Theory, 1998, 44(6): 2724-2742.

[10] SHOR P W. Polynomial: Time Algorithms for Prime Factorization and Discrete Logarithms on A Quantum Computer[J]. SIAM Journal on Computing, 1997, 26(5): 1484-1509.

[11] GROVER L K. A Fast Quantum Mechanical Algorithm for Database Search Proceedings[R]. Philadelphia: 28th Annual ACM Symposium on the Theory of Computing, 1996: 212-219.

[12] GROVER L K. Quantum Mechanics Helps in Searching for A Needle in A Haystack[J]. Physical Review Letters, 1997, 79(2): 323.

[13] NIELSEN M A, CHUANG I L. Quantum Computation and Quantum Information[M]. Cambridge: Cambridge University Press, 2000.

[14] AERTS D, AERTS S. Applications of Quantum Statistics in Psychological Studies of Decision Processes[J]. Foundations of Science, 1995, 1(1): 85-97.

[15] KHRENNIVOV A. A Classical and Quantum Mechanics on Information Space with Applications to Cognitive, Psychological, Social, and Anomalous Phenomena[J]. Foundations of Physics, 1990, 29(7): 1065-1098.

[16] MEYER D A. Quantum Strategies[J]. Physical Review Letters, 1999, 82(5): 1052-1055.

[17] EISERT J, WILKENS M, LEWENSTEIN M. Quantum Game and Quantum Strategies[J]. Physical Review Letters, 1999, 83(15): 3077-3080.

[18] MARINATTO L, WEBER T. A Quantum Approach to Static Games of Complete Information[J]. Physics Letters A, 2000, 272(5): 291-303.

[19] IQBAL A, TOOR A H. Quantum Mechanics Gives Stability to A Nash Equilibrium[J]. Physical Review A, 2002, 65(2): 022306.

[20] IQBAL A, TOOR A H. Stability of Mixed Nash Equilibria in Symmetric Quantum Games[J]. Communications in Theoretical Physics, 2004, 42(3): 335.

[21] FRACKIEWICZ P. A New Model for Quantum Games Based on the Marinatto: Weber Approach[J]. Journal of Physics A, 2013, 46(27): 27530.

[22] IQBAL A, TOOR A H. Evolutionarily Stable Strategies in Quantum Games [J]. Physics Letters A, 2001, 280(5): 249-256.

[23] LI Q, IQBAL A, CHEN M, et al. Evolution of Quantum Strategies on A Small Wored Network[J]. European Physical Journal B, 2012, 85(1): 1-9.

[24] LI Q, IQBAL A, PERC M, et al. Coevolution of Quantum and Classical Strategies on Evolving Random Networks[J]. Plos One, 2013, 8(7): 0068423.

[25] HOU Z H, XIN H W. Oscillator Death on Small World Networks[J]. Physical Review E, 2003(68): 055103R.

[26] QI F, HOU Z H, XIN H W. Ordering Chaos by Random Shortcuts[J]. Physical Review Letters, 2003(91): 064102.

[27] HOU Z H, XIN H W. Noise Sustained Spiral Waves: Effect of Spatial and Temporal Memory[J]. Physical Review Letters, 2002(89): 280601.

[28] HOU Z H, YANG L F, XIN H W, et al. Noise Induced Pattern Transition and Spatiotemporal Stochastic Resonance[J]. Physical Review Letters, 1998(81): 2854.

[29] HOLLAND J H. Adaptation in Natural and Artificial Systerm[M]. Michigan: University of Michigan Press, 1975.

[30] KOZA J R. Genetic Programming: on the Programming of Computers by Means of Natural Selection[J]. Cambridge: MIT Press, 1992.

[31] KOZA J R. Genetic Programming Ⅱ: Automatic Discovery of Reusable Programs[M]. Cambridge: MIT Press, 1994.

[32] KOZA J R, BENNETT F H, ANDRE D, et al. Automated Synthesis of Analog Electrical Circuita by Means of Genetic Programming[J]. IEEE Transation on Evotutionary Computation, 1997, 1(2): 109-128.

[33] FERREIRA. Gene Expression Programming: Mathematical Modeling by An Artificial Intelligence[M]. Berlin: Springer, 2005.

[34] NARAYANAN A, MOORE M. Quantum-Inspired Genetic Algorithms[R]. Nagoya: Proceeding of the IEEE International Conference on Evolutionary Computation, 1996: 61-66.

[35] HAN K H, KIM J H. Quantum-Inspired Evolutionary Algorithm for A Class of Combinatorial Optimization[J]. IEEE Transactions on Evolutionary Computation, 2002, 6(5): 580-593.

[36] 布劳格. 经济理论的回顾[M]. 姚开建,译. 北京:中国人民大学出版社,2009.

[37] 萨缪尔森. 经济分析基础[M]. 何耀,等,译. 大连:东北财经大学出版社,2006.

[38] 黄吉平. 经济物理学:用物理学的方法或思想探讨[M]. 北京:高等教育出版

社,2012.

[39] 罗斯.新古典金融学[M].宋逢明,高峰,译.北京:中国人民大学出版社,2009.

[40] 方兆本,缪柏其.随机过程[M].北京:科学出版社,2011.

[41] 陈希孺.概率论与数理统计[M].合肥:中国科学技术大学出版社,2009.

[42] 法玛.金融基础:投资组合决策和证券价格[M].王蕾,译.上海:格致出版社,2017.

[43] 马科维茨,托德.资产组合选择和资本市场的均值-方差分析[M].黄涛,译.北京:机械工业出版社,2016.

[44] 希勒.市场波动[M].文忠桥,卞东,等,译.北京:中国人民大学出版社,2013.

[45] 默顿.连续时间金融[M].徐占东,译.北京:中国人民大学出版社,2013.

[46] 库恩.科学革命的结构[M].金吾伦,胡新和,译.北京:北京大学出版社,2003.

[47] 刘超.系统科学金融理论[M].北京:科学出版社,2013.

[48] 彼得斯.复杂性、风险与金融市场[M].宋学峰,等,译.北京:中国人民大学出版社,2004.

[49] 阿瑟.复杂经济学:经济思想的新框架[M].贾拥民,译.杭州:浙江人民出版社,2018.

[50] 罗闻全.适应性市场[M].何平,译.北京:中信出版社,2018.

[51] 托姆.突变论:思想和应用[M].周仲良,译.上海:上海译文出版社,1989.

[52] 普里戈金,斯唐热.从混沌到有序[M].曾庆宏,沈小峰,译.上海:上海译文出版社,2005.

[53] 普里戈金.确定性的终结:时间、混沌与新自然规则[M].湛敏,译.上海:上海科技教育出版社,2018.

[54] 李德毅,刘常昱,杜鹢.不确定性人工智能[J].软件学报,2004(11):1583-1594.

[55] 杨招军,秦国文.进化金融理论及应用[M].北京:光明日报出版社,2011.

[56] 邓鑫洋,蒋雯.不确定性博弈与群体演化[M].北京:科学出版社,2018.

[57] 哈肯.信息与自组织:复杂系统的宏观方法[M].郭治安,译.成都:四川教育出版社,2010.

[58] 徐来自,张雪峰.量子论[M].北京:科学出版社,2012.

[59] 曾谨言.量子力学教程[M].3版.北京:科学出版社,2014.

[60] 杨展如.量子统计物理学[M].北京:高等教育出版社,2007.

[61] 周日贵.量子信息处理技术及算法设计[M].北京:科学出版社,2013.

[62] 张永德.量子信息物理原理[M].北京:科学出版社,2005.

[63] 刘卯鑫.经典与量子相变的典型模型[M].北京:北京邮电大学出版社,2019.

[64] 栾玉国,贾泽正,李东海,等.Ising 模型在金融市场价格构成中的应用[J].沈阳航空航天大学学报,2018(2):93-96.

[65] 薛娜,廖宜静.中国股票市场的波函数[J].井冈山大学学报(自然科学版),2012(5):18-21.

[66] 闵文强,刘善存.基于波函数的证券市场回报率分析[J].北京航空航天大学学报(社会科学版),2010(6):52-55.

[67] 陈泽乾.量子金融的意义[J].数学物理学报,2003(1):115-128.

[68] 陈泽乾,汪寿阳.量子金融的几个问题[J].自然科学进展,2004(7):742-748.

[69] 笪诚,范洪义.一个描述金融投资项目演化的量子力学状态方程[J].物理学报,2014(9):441-447.

[70] 潘正君,康立山,陈毓屏.演化计算[M].北京:清华大学出版社,1998.

[71] 刘勇,康立山,陈敏屏.非数值并行算法:遗传算法[M].北京:科学出版社,1995.

[72] 辛立志.软件开发的艺术[M].合肥:中国科学技术大学出版社,2016.

[73] 李敏强,寇纪淞,林丹,等.遗传算法的基本理论与应用[M].北京:科学出版社,2002.

[74] 元昌安,彭昱忠,覃晓,等.基因表达式编程算法原理与应用[M].北京:科学出版社,2010.

[75] 向勇,唐常杰,朱明放,等.内嵌基因表达式编程及其在函数发现中的应用[J].电子科技大学学报,2011(1):116-121.

[76] 陈宇,唐常杰,钟义啸,等.基于基因表达式编程和时间序列预测[J].计算机科学,2005,32(7):269-271.

[77] 康卓,李艳,黄竞伟,等.程序重用的自动程序设计方法[J].武汉大学学报(理学版),2006,52(5):649-654.

[78] 梁昌勇,柏桦,蔡美菊,等.量子遗传算法研究进展[J].计算机应用研究,2012,29(7):2401-2405.

[79] 张葛祥,金炜东.量子遗传算法的改进及其应用[J].西南交通大学学报,2003,38(6):717-722.

[80] 杨淑媛,刘芳,焦李成.一种基于量子染色体的遗传算法[J].西安电子科技大学学报(自然科学版),2004,31(1):76-81.

[81] 杨俊安,庄镇泉,史亮.多宇宙并行量子遗传算法[J].电子学报,2004,32(6):923-928.

[82] 覃朝勇,郑建国.用于高维函数优化的多智能体量子进化算法[J].自然科学进展,2008,18(2):197-205.

[83] 贺敏伟,李贵海,阮柏尧,等.改进量子遗传算法用于多峰值函数优化[J].计算机工程与应用,2008,44(7):41-43.

[84] 李士勇,李盼池.基于实数编码和目标函数梯度的量子遗传算法[J].哈尔滨工业大学学报,2006,38(8):1216-1223.

[85] 李英华,王宇平.有效的混合量子遗传算法[J].系统工程理论与实践,2006(11):116-124.

[86] 滕皓,邵阔义,曹爱增,等.量子遗传算法的变尺度混沌优化策略研究[J].计算机应用研究,2009,26(2):543-548.

[87] 陈辉,张家树,张超.实数编码混沌量子遗传算法[J].控制与决策,2005,20(11):1300-1303.